臨床心理学 23-5（通巻137号）

[特集] # 発達のプリズム──神経発達から多様性の道筋をたどる

ふつうの相談

[著] 東畑開人

ケアする人たちすべてに贈る。友人論と心理療法論を串刺しにする,「つながり」をめぐる根源的思索！　人が人を支えるとはどういうことか。心の回復はいかにして可能になるか。この問いに答えるために,「ふつうの相談」を解き明かす。精神分析からソーシャルワークまで,病院から学校まで,介護施設から子育て支援窓口まで,そして職場での立ち話から友人への打ち明け話まで。つまり,専門家から素人まで,あらゆるところに生い茂る「ふつうの相談」とは一体何か。心のメカニズムを専門的に物語る学派知と,絶えずこれを相対化する世間知と現場知。これらの対話は,やがて球体の臨床学へとたどり着き,対人支援の一般理論を描き出す。　　　定価2,420円

聴覚障害×当事者研究
「困りごと」から,自分や他者とつながる

[編著] 松﨑 丈

聴覚障害と当事者研究の新たな出会い――「感覚・身体」「対話・情報」「物語」から開拓される,未だ見ぬ新たな当事者研究の世界！　問いがささやき,対話がつながり,言葉がうまれる――〈わからない〉を〈わかちあう〉,来たるべき当事者研究の世界へ！　自分自身の「感覚・身体」から,他者や社会との間にある「対話・情報」,そして他者や社会との対話から紡がれる「物語」へ――ずっとひとりで抱えてきた「困りごと」を,自己との対話・仲間との対話で研究しよう！　弱さのままに生きていける「知」,まだ誰も知らない「言葉」を探る,当事者研究のあらたな世界。　　　定価3,740円

新装版 ことばと行動
言語の基礎から臨床まで

[編] 一般社団法人 日本行動分析学会

行動分析学と言語の発達を知る上で必須の一冊が待望の復刊！　行動分析学という共通の枠組みの中で,理論,基礎,言語臨床への応用までを論じており,関連する学問領域の研究成果も検討し,行動分析学の観点からの展望やデータを提示する。臨床支援の具体的な技法や実践例（発達臨床における言語の早期療育,学校教育の中での言語指導,問題行動解決のための言語支援技法,脳障害のある人への言語療法における支援技法など）を示すことで,言語聴覚士,臨床心理士,公認心理師だけでなく,ヒューマンサービスの現場にいるあらゆる人に役立つ内容となっている。　　　定価4,620円

価格は10%税込です。

🌸 [特集] 発達のプリズム──神経発達から多様性の道筋をたどる

体験の中に埋め込まれた発達を探る
特集にあたって

森岡正芳 Masayoshi Morioka
立命館大学

「セラピーが進む」時間は養育者と子どもの間で発達が進むことと似ている。

（ボストン変化プロセス研究会）

I　はじめに

発達は抽象概念ではなく，人々の暮らしの場で生じることである。高度情報化社会の進展に伴う暮らしのデジタル化，情報格差が経済格差へと直結してくる。そこから生じる「難民」。発達に欠かせぬほどよい環境の維持の困難，これまで培われてきた子育て文化の見直しを迫られる。子育ての様相そのものが大きく様変わりする中，発達を促す環境をどのように維持していくか。誰もが無関係ではない課題である。

親の代わりに祖父母の世話をしてきたという学生が，そのことについて卒論でテーマにしたいと相談に来たことがかつてあった。ヤングケアラーといった言葉が話題になる今日からは，ずいぶん以前の話である。その学生が苦労の体験を経て，冷静に着実に心理学研究の方法にのっとり課題に取り組まれたことは，今も印象に残っている。子ども期，少年期をどのように経て大人になるのかを定型的に描いてきた時代性はすでに過去のものとなった。社会経済的基盤の格差と脆弱さが露呈

する現代の状況において，それらは人の発達にどのような影響を与えるのか。そこかしこに生じているにもかかわらず，目には留まりにくい亀裂を埋め，基盤を維持するために，臨床心理学は何ができるのか。

ほどよい環境の中で，育ち‐育てられる関係の中で過ごし，描かれる発達のラインが必ずしも定型ではなくなった時代性。つまりここで露呈しているのは心理学，臨床心理学の理論や技法よりも，生活者の変化の方が先に進んでしまっているということだ。私たちは改めて生活の場に戻り，その変動そして多様性の様相に接近し，支援の手がかりを探ることが，これまでにもまして求められる時代になっている。

発達の理論は多様に展開し，大きな臨床的課題である発達障害へのアプローチも多様である。それらをトータルに捉えるのは難しい。発達は，光の当て方で見えてくるものが違ってくる多面体であり，いわば「発達のプリズム」を通して人は多様な姿を現す。発達研究の進展は近年目覚ましく，とくに発達の神経科学的基盤に関わる知識は，感覚・情動体験と認知のつながりをとらえるのに必須のものだろう。ニューロ・ダイバーシティ（neuro-diversity）という観点から，発達の多様

な側面に光を当てることによって，ジェンダー／ダイバーシティ，人の多様性への発達基盤を捉えることができる。これはすなわち，人の変容可能性を示すことになる。

生体としての性と心理的性の不一致，トランスジェンダー，性の多様性という課題が，大きく取り上げられている。この課題に日々取り組む臨床実践家も多いのではないか。性の多様性についてかつて，心理発達のプロセスにおいて生じる性同一性の混乱という観点から理解することが，心理学では一つの定説になっていたが，今やこのような理論仕立てでは，カバーしきれないだろう。むしろ映画，絵画，文学などにより説得力のある形で描かれている。性の多様性に関わる当事者が自らの体験を描くライフストーリーの分析など，ますます注目されることになろう。

発達的な観点の持つ意味を目下の現場，生活の場で捉え直す手がかりとして本特集は組まれている。

II　子どもの「いま」と付き合う

臨床心理士，公認心理師の職域は広がり，その基盤として人の発達を明確に捉える専門的観点と技量は必須のものとなった。心理支援場面において発達の観点を取り込むというと，まずアセスメントが念頭に置かれ，発達の偏り，遅れを捉える力が心理専門職に求められる。子どもの困りごと，問題とされているところが，年齢相応の成長過程の中で起こりうるものか，支援が必要な SOS のサインなのかを見極め，適切に対応することが求められる。アセスメントの結果をもとに，子どもたちを取り囲む多様な生活状況への支援の道筋をどのように示せるか。本特集では黒田（以下，敬称略）に，支援につながる発達の包括的アセスメントを紹介いただく。検査という媒介を通じて，対象の子どもの「発達のいま」が可視化される。検査の各項目への子どもたちの反応はよく見ると面白い。一人ひとり違う。結果として数値に現れてくるところだけでなく，一つひとつの反応に込

められた意味に注目してみたい。

通称「津守式」という乳幼児精神発達診断法によって，子どもの発達状況や行動特徴を捉える発達測定のオーソドックスを確立した津守は後年，障害を持つ子どもと丸一日過ごす日々を 12 年間続けた。その場面はいまも，ビデオとして記録されたものを観ることができる（津守，1991）。子どもといっしょにいるときに大切なのは，そのいまを愉しむことだと津守は言う。

「子どもと一緒にいるときに，その『いま』をたのしむことを，私は毎日を子どもと過ごす中で学びました。早く切り上げて次のことをしようと思ったら，そのときは子どもにも大人にも充実した『いま』にはなりません。子どもは大人が本気でそこにいるのかどうかをすぐに見抜きます。たとえ二，三分でも，子どもと共にいるその『いま』に腰を据えてたのしめるようにするとき，そこから次の時間が展開します」（津守，1991，p.183）。

過去から引きずっている葛藤，悩みを，子どもはいまの行動に表す。「いま」をゆっくりと付き合ってくれる人にそれを見せてくれる。このように津守は述べる。

「未来についても同様です。子どもは自分が手近になしうることをしながら，その次になしうる未来を探っています。こんなことをさせておいたら大きくなってから困るだろうと，未来の姿を先にきめて現在を評価したのでは，子ども自身が挑戦している未来を見ることができなくなってしまいます。大人の未来に対する不安は限りなく増幅します」（津守，1991，p.184）

ここで，発達の評価に関わる根本的なことが，問われている。「いま」とゆっくり付き合うと充溢した豊かな世界があふれてくるというのである。子どもの「いま」と付き合うことが，たとえば発達検査場面で可能であろうか。本特集の福永の論考が参考になる。一人のテスティに検査を導入する場面での様子が記述され，テスターの心の内，気持ちの動きのディテールが伝わる。相手の応答を通じて，生活場面への想像が豊かに描かれ

る。検査課題に一緒に取り組む福永の姿が印象的
である。「いま」が活きている。

　また西村は本特集において療育施設の発達支援
の場で、「遊びの中で支援者と子どものやりとり
のベースになる関わり（呼びかけと応答）を積み
重ねていくこと」を基本においた実践を重ねてい
る。一見「受身」に思える経験こそが子どもたち
の遊びへの意欲を育て、子どもの中に生じる遊び
に対する「予測と期待」が次を生んでいく。「いま」
とゆっくり付き合う大人の態度は、このような遊
びの中に生き生きと感じ取れる。

III　生活に埋め込まれた体験

　子どもの行動を個人の表現という観点から見る
と、生活の場で遅れがどのように現れやすいのか
が見えてくる。状況に埋め込まれていて、そばに
一緒に居て読み解いていかないと見えてこない発
達がある。いっしょに遊び、観察し、相手と伝え
分かち合う力こそ、心理専門職が培うべき素養で
ある。本特集で青山は、自閉症児とその家族への
生活臨床に長年取り組む中で、その場で起きてい
ること、目には見えないけれどその場に確実に生
じている心の動き、そしてそこに生じている関係
性をどのように表現するのかが重要なテーマであ
ることを示す。エピソード語りによる実践記述か
ら、「いま」とゆっくり付き合うありかたが伝っ
てくる。

　生活に埋め込まれた体験を感受しつつ、クライ
エントの発達のいまを捉える観点は、家庭や学校、
生活の場での子どもたちの様子の変化とつなぐこ
とであらたな動きを生む。本特集安藤の「安心感
の輪」子育てプログラムの実践から、親と子、夫
婦が互いに安心感の輪になることが、生活の場に
浸透していく様子を見ることができる。そして、
発達を皆で創っていくという、本特集で岸が行っ
ている実践は、社会の中で発達の意味をその場で
確認できるものとなる。

IV　発達の時間

　発達の時間は直線的ではない。何が発達変化の
プロセスに影響を与えるかは、現下では決定でき
ない。意識を超える生命的な働きが、そこにある
からだ。発達のプロセスは、事後的に跡付けられ、
種々の理論が構成された。

　発達の経路は単線ではなく複線である。本特集
で野中が述べるように、受精してから死ぬまでと
いう発達の時間スケールでみると、どのように変
化の道筋が現れるのかは決定できないことの方が
多い。そのときには気づかず、無関係に見えるも
のが、他の経路の発達的変化に影響を与えるとい
うことがある。心理臨床の実践は人と人の関係性、
対人関係に焦点化されやすい特質を持つ。人の情
緒応答的環境が発達を支えるのはもちろんのこと
であるが、人と人が作り出す環境には多様多彩な
物質、もの、素材（マテリアル）が介在し、その
間に生じる交差領域は、個人によって、広がりや
深さ、濃さが異なる。それに現代では SNS によ
るネット環境が加わる。環境の多様性そして偶然
を組み込む複雑な時間性を発達のプリズムは根拠
とする。プリズム的な世界をどのように人と共有
するか。記述の在り方も工夫しなければならない。
多くの発達研究者たちが苦心している。

V　生きられた身体からの発達

　かつて学生たちといっしょに、Werner と
Kaplan の古典『シンボルの形成』を読んだこと
がある。子どもの描線、幼児のお絵描きを見てい
ると、私自身の体感が少し変わる。動かされる。
ギザギザの線をどうして痛いと感じるのか。「相
貌性（physiognomy）の知覚」、その謎めいた魅
力に惹きつけられた覚えがある。この魅力の奥を
覗くと、体験の根源に触れる何かがある。Heinz
Werner は、ハンブルク大学に在職中の頃、バウ
ハウス運動を支えていた音楽教師 Grunow と、共
感覚の共同研究を行っていた（眞壁、2020）。眞
壁によると、「音の響き」と「色彩」と「形」を

身体全体で感受することを重視する独特の音楽教育で，「文化的経験を成り立たせる前提となる身体レベル，しかも諸感覚がまだ分離していない水準に遡り，『色彩』や『響き』の感受を深める感性教育」である。言葉と意識がつながる手前の身体感覚を探るようなレベルを起点に，Werner は独自の生命論的な発達理論を形成していったようだ。

　私も以前，カウンセリングの面接場面に生じる体感変化が，クライエントの情動体験への理解につながる点について調べていた（森岡，2002）。Wallon（1949）や Janet（1928）が，筋トーヌスという姿勢維持の感覚と情動変化の関係について早くから着目していること，そして Sullivan（1953）も，独自の自己システム論の基盤において，筋トーヌスの変化が欲求允足，快不快の感覚と密接に関連していることを指摘している。直接の行為や運動とは独立した筋肉の伸縮活動で，さまざまな態度姿勢を統御する全身的な働きである。筋トーヌスは自己の内感に影響を及ぼす内受容的な活動であり，情動の変化を反映する。

　筋肉に力が入り緊張し，脱力して弛緩するという交代が，全身の筋肉活動において極めて精緻に働き，バランスがとられることによって維持される人の姿勢は，そのまま心の状態を表すともいえる。数多くの発達理論は，反射行動，感覚運動，姿勢保持その他，乳幼児の全身活動の観察にもとづく微細変化のデータから構築されている。生後 8 カ月くらいの赤ちゃんが摺り這いしながら体の移動を始め，続けて，手のひらと膝を床につけて四つん這いの姿勢をとり，目標を定めて動くようになる。ハイハイから座位に移り，赤ちゃんが周囲から与えられ手にしたりなめたりする「もの」との関わり，そのときの手指や視線の動きは複雑である。立位，歩行へと移行する手前のごくわずか半年に満たない時期のことだが，その間に観察されうる心身の状態を記述するには，おそらく言葉が追い付かないだろう。

VI　発達の中に反復されるもの

　それまでの姿勢から少し別の姿勢をとると，気分が少し変わる。内的に感受される微妙な変化である。姿勢はまた潜在していた記憶を引き起こすという特徴がある。老化が進行し，種々の心身機能が低下しても後年まで残存し変化しないのは，姿勢に随伴する感覚情動体験や記憶であるという。たしかに幼少期を過ぎると，四つん這いで動くことはめったにしないわけだが，ちょっとその姿勢をとって辺りを動いてみると，妙に「懐かしい」感情が湧いてくる。「懐かしい」というとずいぶん情緒に流れるような言葉であるが，この感情を掘り下げていくと，人の発達の底を支える何かに触れる感じがする。発達には順序があり，その順序性は目標達成へとすり替えられやすいが，発達が生起するところにはどうも一見停滞し，反復するものがある。このところに焦点を当てたい。それはえてして気づかれにくく，日常に埋め込まれた経験であることが多い。象徴化以前，こころが始動する前後のところに迫っているのが本特集十川の論考である。乳児の対象はまだ存在しなくても，すでに象徴化するためのリズムは存在している。運動痕跡から自己身体と世界との関係を構成する。この図式は人の晩年に至るまで残るものではないか。そしてこのような観点は支援の場においてアセスメントとセラピーの両面に関わるものである。

　体験の中に発達をみるというときに，「反復されるもの」とはすなわち習慣であり，また文化的な次元のものである。文化的経験を成り立たせる前提に，身体レベルにおいて反復され，身についてくる発達がある。このような次元の発達は，個人の生活世界に入り，共に過ごす継続的なフィールド観察を通して，把握しうるものである。根ヶ山によるアロマザリングの研究は注目される（根ヶ山，2012）。ヒトは，母親以外の個体が子どもの世話を引き受ける「アロマザリング」によって母親の負担を軽減し，繁殖の可能性を広げていっ

た動物である。血縁のないもしくは比較的遠縁の少女が子守りをする「守姉」の慣習が残る沖縄県宮古郡にある多良間島でのフィールド調査は，子育てに欠かせぬ社会文化的なシステムの再生を問いかける。

一方，本特集で，根ヶ山が紹介する養育者との間で交わされる音楽性，リズム，ハーモニーなどの同期的要素を詳細に捉える研究は，発達研究のコアとなるものである。養育者と子どもの二者関係を精密に観察することで抽出される音楽リズム的特徴は他方で，文化の型の伝承，習慣の形成において培われる集団の共同行為の中に反復される。社会集団は日々の生活時間に節目となる祭礼の時間を入れ，集団の生活を維持した。社会集団には種々の次元で音楽的リズム構造が組み込まれている。その音楽的構造の基盤が揺らいだ時に，種々の心理的あるいは集団的葛藤が生じる。そこから波及してくる課題こそ，心理臨床家が専門技量をもって支援するときである。

VII　発達障害は発達の何の障害か

発達障害はどのような「発達」の障害なのか。分類に関わる観点項目は明確に設定されているようにみえるが，では発達の何が障害なのか，これにすっきりした明確な答えはない（鯨岡，2007）。この問いに対して，発達のプリズムから何らかの寄与が期待できるだろうか。

本特集で別府が一つの答えを提供してくれている。発達障害とくに，自閉スペクトラム症は共感する能力の障害ではなく，他者に情動的に共感されにくい点に障害の形成要因があるということだ。個体内の障害という従来の発想がここでひっくり返る。阻害要因がさらに阻害・疎外を生む悪循環を断ち，緩和し，育ちのための環境づくりをどのように行うか。これは立場を超えて共有されるべき課題だ。

本特集で村中が紹介するニューロ・ダイバーシティを根拠とする理解が，もう一つの手がかりを提供する。村中は「二重共感問題」にふれる。二重共感問題とは，もって生まれた見解や個人的な概念理解が異なる人々の間で，意味を伝えようとする際に生じる「自然な態度」の食い違いを意味する。二人ともが経験する「二重の問題」であるにもかかわらず，単一の個人の中にある単一の問題だと錯覚する。いいかえると，「自閉症の特性といわれる『社会性の障害』は個人の内側に存在するものではなく，どんな特性の持ち主がマジョリティであるかに依存する相対的な問題と捉えるべきであることがわかる」，このように村中は指摘している。

他者に情動的に共感されにくく，他者が自分の共感の問題と捉えない点に障害の形成要因を認めるならば，その要因を少なくとも緩和し，緩やかな共感的環境世界を生み出すことが支援者に求められる。本特集の横道が体験している「水の中の世界」は鮮烈である。水の中の光を通すことによってプリズムは別の色合いを帯びるだろう。その世界を私たちは感受しておきたい。

以上の発達障害に関わる新たな観点は，性の多様性に関わる課題への取り組みに関わってもほぼ重なる議論が展開できる。本特集コラム欄（関根，宮﨑，日野）に紹介されている映画作品で描かれた世界に，情動的に共感することを通じて，性多様性の世界の豊かさを知る手がかりになるだろう。

VIII　むすびに

いまここを探究することに，発達と変化の手がかりが潜んでいることに気づく。日ごろ忘れていた世界へといざなわれる。日常の体験の中に埋め込まれた発達の手がかりがある。それを掘り起こす。一見無関係に見えるものが，発達的変化に影響を与えることがある。困難を抱えるその人といっしょにいるときに感じられる身体の微かな変化，生気性の情動を捉え，理解へとつなぐ作業をセラピスト，心理支援者たちは行っている。相手と関わることで，動き動かされる力を現場で工夫し使ってきた。心理専門職の私たちは共通して，

人の生き方や価値観，生きている現実の多様性を
ふまえた心理社会的支援の在り方を模索してき
た。

　「体験の中に発達をみる」，そういう目は，すで
に準備されているはずだ。あとはそのプリズムに
これまでとは違った光を当ててみることだ。それ
はまた，生活の中で培われた子育て文化の再発見
や，生きづらさや育児困難を抱える親への支援の
可能性を探ることにつながるものである。

▶文献

Janet P (1928) L'évolution de la mémoire et de la notion
　du temps. Paris : Chahine.
鯨岡峻（2007）発達障害とは何か―関係発達の視点による
　「軽度」の再検討．現代のエスプリ 474 ; 122-128.
眞壁宏幹（2020）バウハウスと「ハルモニアの思想」―「調
　和学」のアドレスをめぐって．近代教育フォーラム 29 ;
　72-83.
森岡正芳（2002）物語としての面接―ミメーシスと自己の
　変容．新曜社.
根ヶ山光一（2012）アロマザリングの島の子どもたち―多
　良間島子別れフィールドノート．新曜社.
Sullivan HS (1953) Conceptions of Modern Psychiatry.
　New York : Norton.（中井久夫，山口隆 訳（1976）現
　代精神医学の概念．みすず書房）
津守真（1991）人間の発達にかかわる．In：稲垣忠彦，谷
　川俊太郎，河合隼雄ほか 編：障害児教育―発達の壁を
　こえる．岩波書店，pp.177-194.
Wallon H (1949) Les origines du caractère chez l'enfant.
　Paris : Press Universitaire de France.（久保田正人 訳
　（1965）児童における性格の起源．明治図書）
Werner H & Kaplan B (1963) Symbol Formation : An
　Organismic-Developmental Approach to Language and
　the Expression of Thought. New York : Wiley.（柿崎祐
　一 監訳（1974）シンボルの形成―言葉と表現への有機
　－発達論的アプローチ．ミネルヴァ書房）

🐟 [特集] 発達のプリズム──神経発達から多様性の道筋をたどる

手の所作の発達
その環境と経験

野中哲士 Tetsushi Nonaka

神戸大学大学院人間発達環境学研究科

Joan Jonasという美術家による，"Moving with No Pattern"という10分ちょっとの短い映像作品がある。映像に登場する若い男女数名は，辺りの地面に散在するテーブルや椅子，板や玩具といったモノを，持ち上げては移動し，立てかけ，置き直し，集め，揃え，間を取り，ひたすらその配置を換えていく。これらの登場人物がいったいどのような目的に向けてモノの配置を換えているのかは，見ている側にはよくわからない。よくわからないまま眺めているうちに，だんだんと，映像のなかで進行している出来事が，私たちの日常生活のカリカチュアのように見えてくる。そういえば，私たちの日常をとりまいているのは，少なくとも外面的には，こんな出来事の繰り返しである。食事時の配膳や皿洗い，洗濯物を干してたたんでしまうこと，用事にあわせて鞄の中身を準備して運搬すること，小銭や紙幣の受け渡し，机面の整頓，商品の陳列や配達など，モノを大小のスケールで動かし，その配置を換えるさまざまな周期の出来事が，私たちの日々の営みのかなりの部分を占めている。ひょっとすると宇宙人から見たら，私たち地球人の暮らしは，この映像作品のように見えるのかもしれない。

「魚は水の話をしない」という英語のことわざがある。私たちが生まれ育つありふれた環境と，そこで起こっている周期的あるいは非周期的なごく普通の出来事は，そのなかで暮らす私たちにとってはあまりにあたりまえすぎて，あらためて問題にすることはなかなか難しい。けれども，受精卵の細胞環境にはじまり，母体の胎内環境，さらには出生後の地上の群生環境に至るまで，私たち生物個体が示す発達の道筋は，「あたりまえ」と映るほどに安定した環境と絶え間なく接するなかで動的に立ち現れてくるという側面をもつ。

本稿では，受精してから死ぬまでという発達の時間スケールで，どのように変化の道筋が現れるのかという問題について考察する。考察にあたっては，「注意をあつめる手」「他者のなかで食べる手」「シンボルを刻印する手」という具体的な私たちの手の所作をとりあげて，その発達が現れる日常環境に焦点をあてることにする。

I　注意をあつめる手

私たち人間の個体は，他の生物個体と同様，たったひとつの細胞（受精卵）から発達という変化のプロセスを開始する。

受精卵は，周囲の独特な力学的，電気的，化学的な構造をもつ細胞外環境と出会うことで分裂を

繰り返し，母体の子宮内膜に接して着床し，やがて複雑な形態をもつ胎児へと変化していく。胎児をとりまく羊水と弾性に富む平滑筋の壁に包まれた胎内環境は，衝撃などから胎児を保護しその姿勢を安定させる役割を果たすと同時に，胎児がみずから手足を動かすと，その動きに即応して連続的に変化する力学的抵抗を胎児の身体各部に伝える（Yamada et al., 2016）。胎児は在胎10〜12週頃から自分の顔に向けて自発的に手を動かしはじめ，視覚情報が不在であっても，その手の動きはだんだんと明確な方向性を帯びていく（Hadders-Algra, 2018）。

　こうした母体から出生するとき，乳児の手の動きをとりまく環境は，2つの点で劇的に変化する。ひとつは重力である。胎内で浮力と子宮壁によって安定していた赤ちゃんの姿勢は，重力にさらされる地上環境に生まれ落ちた途端に，思うように制御がきかなくなる。そのため，出生後まもない乳児は，対象に応答するような手の動きは見せつつも，なかなかその手を対象へと到達させることができない。さらに重力に加えて，胎内と大きく異なるもうひとつの点が，環境内の他者の存在である。地上の群生環境においては，乳児が手を動かすことは，否が応でも，養育者をはじめとする他者が観察可能な「パブリック」な出来事となる。

　青井は，みずからの第3子の出生後18日から7カ月9日目までのあいだの動画および観察的日誌記録をもとに，母親をはじめとする環境内の他者が，対象に向かう乳児の手の動きに対して，いかに注意を払い応答しているかを報告している（青井・野中，印刷中）。たとえば，出生18日後の場面では，乳児の手が触れる位置に，音の鳴るおきあがりこぼしが置かれる。乳児の手が動いて音が鳴ると，母親は「ころりんころりん鳴ってるね」と乳児に話しかける。あるいは，仰向けで乳児が手を頬から口元に向けて動かして口を開けると，母親は「おててなめなめしたいの」と応答する。出生1カ月後には，仰向けの乳児の目の前で母親がガラガラを動かして提示する場面がある。乳児

はそれを見ると，それまでは口元にあった手を口から離して，手を突き出そうとする素振りを見せる。さらにその1カ月後の場面では，母親は仰向けの乳児の手にガラガラを持たせている。乳児が手を動かし，持たされたガラガラの音が鳴ると，「かしゃかしゃかしゃ，上手になったねえ」と母親は応答する。

　これらの観察が示しているのは，乳児の手の動きがその周囲と結んでいる関係が，養育者の主要な関心事のひとつであるという事実である。とりわけ特筆すべきは，このような養育者の注意が，乳児が環境内のモノに対して他者とともに注意を向ける「三項関係」が発達するかなり以前の，乳児が対象に向けて手を動かし到達させることがまだ難しい生後まもない時期から，頻繁に生起しているという点である。

　子宮壁と羊水にひとりで包まれていた胎内環境とはうってかわって，地上の群生環境に生まれ落ちた乳児は，みずからの一挙一動が，それを見て一喜一憂する他者に向けてさらされていることを経験する。群生環境においてパブリックな出来事となった乳児の手の動きは，養育者が乳児の経験にさまざまなかたちで参与することを可能にする格好の「からまりしろ」を提供することになる。他者の「注意をあつめる手」は，乳児の身体とその動きが地上の群生環境と出会うなかで，はじめて立ち現れるものである。

　この「注意をあつめる手」は，その後の発達の過程のなかで，環境内で一緒になにかを行う相手との共同注意の成立において鍵となる役割を果たすことが知られる（Yu & Smith, 2017）。共同注意とは，相手が注意を向けている対象に自分の注意を向けることである。自分が相手と注意の対象を共有することは，両者の円滑なコミュニケーションを可能にする共通基盤をもたらす。

　つい最近まで，乳児と養育者の共同注意が成立する主要な経路は，乳児が養育者の目を見てその注視先を追うことだと考えられていた（Brooks & Meltzoff, 2005）。しかし，近年の視線計測によっ

て得られた日常場面での親子の視線データは，このような想定とは相容れないものだった。実際は，1歳前後の乳児が養育者と遊びなどのやりとりをしている最中に，乳児が養育者の顔を見ることはきわめて少ない。ただし，乳児が養育者の顔を見ることはなくても，養育者と乳児はしばしば環境内のモノを一緒に注視しており，それだけでなく，乳児と養育者がある対象から別の対象へと同じタイミングで視線を移す視線の同期も頻繁に生起する（Yu & Smith, 2017）。

　ではいったいどうやって，乳児が養育者の顔を見ることなく，共同注意が成立するのだろうか。Yu & Smith（2017）は，おもちゃで遊ぶ親子の双方の視線を計測し，共同注意が成立するまでの視線の流れを検討した。検討してわかったのは，共同注意が生まれたほとんどの場合において，環境内の対象に向かう相手の「手」を見ることによって，それが向かう環境内の対象への共同注意が成立しているということだった。そして，自発的にモノを手で探索することが多い乳児ほど，自分の手先を注視することが多く，さらに養育者の視線がその手にあつまることが多くなり，結果として，養育者との共同注意が多く成立していた。

　手をなにかに向けるとき，私たちはしばしば，その先にあるものに視線を向けている。それと同時に，自分の手のふるまいは，自分が何に対して注意を向けているかを他者に向けてあらわにする。このことは，相手の注意が何に向けられているかを察し，一緒に共通の対象に注意を向ける上で，「手」のふるまいが信頼できる情報源となり得ることを意味する。乳児が環境にあるものに手を向けて探索するという，一見他者との社会的なやりとりとはまったく関係がないように見えるありふれた日常の出来事は，まわりにいる他者との共同注意の成立や，共同注意を基盤とする社会的なコミュニケーションの発達の機会を与える一面をもつ。

II　他者のなかで食べる手

　ナポレオン三世の晩餐に招かれたペルシアのシャー（王）が，いつものように手で食事をしようとすると，ナポレオン三世は黄金のスプーンをシャーに差し出し，使うように促した。対してシャーは「あなたはどれほど素晴らしいことを自分が失っているか知らないようだね」と答えた（Mauss, 1973）。

　「口に食物を運ぶ」という機能が，多くの場合，手指によって果たすことが可能である。だが，文化圏によっては，乳児は離乳食を与えられるようになると，母親の手に接続されたスプーンが食物とともに自分の口に迫ってくることを繰り返し経験する。そして，1歳になってからしばらくすると，いまだスプーンをうまく使えず，手指で食べる方がよほど効率的であるのにもかかわらず，乳児はスプーンを使ってなんとか食物を口に運ぼうとする意欲を見せはじめる。こうした乳児の意欲を生み出す「力」はいったいなんなのだろう。スプーンや道具を使って「他者のなかで食べる手」はいったいどのようにして生まれるのだろうか。

　この問いに関連して，いくつかの観察研究で報告されている事実がある。ひとつは，スプーンをはじめに手にしたがるのは，たいてい乳児の側で（Gesell & Ilg, 1937），最初から養育者が乳児にスプーンを使うよう強制することはほとんどない（Valsiner, 1997）。乳児はスプーンを手に入れると，はじめのうちは，スプーンを振ったり，テーブルを叩いたり，手から落としてみたり，食事場面であるにもかかわらず，食べるという目的とは無関係なさまざまな仕方でスプーンを扱ってみせる。こんなとき養育者はしばしば，乳児の「不適切な」スプーン遊びを強制的に制止するのではなく，液体の入った容器をテーブルの脇によけるなどして，乳児がスプーンで遊んでも大事に至らないように乳児の手の届く環境をリアルタイムで調整しながら，遊んでいる乳児に別のスプーンを使って食物を食べさせ，食事をそのまま進行させ

る（Nonaka & Goldfield, 2018）。

　やがて養育者は，乳児がスプーンを皿や食物に向けることがあると，乳児に食べさせつつも，皿やボウルを知覚に寄せて支えてあげたり，とりやすい食物を皿のへり付近に置くなどして，乳児がスプーンで食物に触れることができるように環境の機会を調整する。こうしてだんだんと，乳児はスプーンを食物に向けることが多くなっていく。ときに乳児はスプーンで食物を運ぶことに固執して，スプーンから食物がこぼれると，それを手で口に運ぶのではなく，スプーンにもう一度載せて口に運ぼうとしたりする。いわば，「食べる」という目的やそれに伴う報酬よりも，それを適切な仕方で行うこと自体に，乳児がこだわりを見せるようになる。

　乳児がはじめて独力でスプーンに食物を載せて，口に運ぶことができるようになった頃の，食事場面の乳児の視線を調べた研究によると（Nonaka & Stoffregen, 2020），乳児と養育者の遊び場面の視線と同様，食事場面においても，乳児は養育者の「顔」よりも「手」を見ている時間がはるかに長かった。とりわけ，養育者が卓上のモノや食物の配置を調整しているときに，乳児は頻繁に養育者の「手」を見ていた。これに対して，食事場面で乳児が養育者の「顔」を見る状況は，「手」を見る状況とははっきりと異なっていた。乳児は，乳児が自分で食物をスプーンで口に運んだ直後か，食事と無関係な遊びにスプーンを用いた直後に，自分のしたことを養育者が見ていたかを確認するかのように養育者の「顔」を見ることが多かった。

　ちょうど冒頭に見た Joan Jonas の映像作品のように，養育者はテーブル上の食器をよけ，近寄せ，支え，食物を載せ，乳児が利用可能な特定の行為の機会（アフォーダンス）を生成あるいは強調するかたちで，微妙に環境内のモノの配置を調整していく。と同時に，乳児の行為の機会を調整する養育者の「手」は，乳児の注意を，環境が与える特定の行為の機会へと導いている。そして，

乳児がスプーンをみずから使うようになったときに，乳児の行為に対して養育者が示す反応は，みずからの行為が生起する社会がもつある種の規範や法則性を乳児が知る機会をもたらす（Nonaka, 2022）。乳児の「食べる手」の変化の道筋が現れる周囲には，日々の食事場面で幾度となく繰り返される，養育者による乳児の環境の調整や養育者と乳児のあいだの注意のやりとりがある。

Ⅲ　シンボルを刻印する手

　手書きの文字は「凍った身ぶり」と呼ばれる。

　博物館で古い写経などを目にすることがある。その筆跡を目でたどると，書き手の張りつめた緊張と細心の注意を払った手の所作を，追体験する感覚を抱く。静止した筆跡を見て，手の動きを感じるというのは，いったいどういうことなのだろう。筆跡を見て手の動きを感じることは，私たちが字を読むことと，どのように関わっているのだろう。他者による識別を可能にする動きの痕跡を，紙面に刻印する手は，いったいどのようにして生まれるのだろう。

　日本では，字を書くことの教育は，正式には小学校入学とともに始まる。私は，字を書く教育が始まったばかりの小学校1年生の発達的変化を研究する機会に恵まれたことがある（Nonaka, 2017）。私が観察した教室では，授業のはじめに，黒板に貼られた4つのマスに区切られた一辺30センチ四方のマグネットのシートの上に，先生がお手本を書いてみせる。このとき，先生は，「こころ辺からかな，ゆっくりゆっくり，シュッとはらう」といった具合に，字を書きながら，その字を書く際に重要となるいくつかの点を指摘して，子どもの注意を引き寄せる。それを見ている子どもは，先生の動きを宙で指を動かして追いかけている。

　そして，先生は子どもたちに向き直って，「この字を書くときに注意することはなんですか」と尋ねる。すると子どもたちは一斉に手を挙げ，先生にあてられた子どもは前に出て，お手本が書か

れたマグネットのシートを指さしながら，「ここをとめる」といった具合で，自分が思う「大事なこと」を発言する。子どものコメントに対して先生は，「ということは，こういう風にしたらいけないんだね」と言って，子どもの指摘した点を反対に誇張して，たとえば，とめるところを逆にはらったりする悪い見本を黒板に書いて見せる。

次に，学んでいる字をふくむ単語を子どもたちに一通り尋ねたあとで，ふたたび教室の全員が指を挙げて，「いーち，ぐーっ，はねる」といった先生のかけ声にあわせて，息をあわせて宙に字を書くことを二度くりかえす。そして最後に，子どもたちは各自練習帳にその字を書く練習をする。そのあいだ，先生は教室をまわり，ひとりひとりの字や姿勢に対して注意を導いたり，ほめたり，正したりしている。

さて，こんな教室に身をおいていた子どもたちの字は，実際にどんなふうに変化したのだろう。教室に参加していた子どもたちが字を書く運動を計測させてもらったところ，すでに字をある程度は書ける子どもであっても，わずか数週間のあいだに，ペン先の動きの「リズム」のような，自分ではあまり自覚していないようなところで，子どもたちには大きな変化が起こっていた。特に顕著に現れたのは，子どもたちがひらがなの筆画を書くときの終筆のペン先の動き方が，異なる筆画のあいだで，はっきりと分化してくるという事実だった。もうひとつはっきりと見ることができたのは，同じ子どもが同一の筆画を書く所作に，一貫した「リズム」が現れるということだった。わずか2カ月という短い期間にもかかわらず，それぞれの子どもが同一の筆画を書くペン先の動きは，だんだんと一貫した時間構造を纏うように変化していた。これらの事実は，ひらがなを書くことを学んでいくプロセスが，集団のなかで意味をもつ筆画の特徴を書き分ける手の動きと，その区別を際立たせるような個々の「リズム」を発見するプロセスであることをほのめかすものだった。

このことはひょっとすると，字を想い出そうとする際に指を自然と動かす，「空書」と呼ばれる漢字文化圏特有の現象とも関連しているかもしれない。文字を思い出そうとするとき，ちょうどダンスのステップでも思い出すときのように，指で文字を書いてみるという経験は，私たちにとってはきわめて日常的なものである（佐々木・渡辺，1983）。もし，私たちが字を学ぶという発達が，共同体のなかで意味をもつ表面の痕跡の不変な特徴をもたらす動作の時間構造の区別を身につけていくプロセスであるならば，こうした現象は自然なことのように思われる。

IV　筋書きのない発達

私たち生物個体が生を開始してから，やがて死にいたるまでの変化の道程は，一見，きわめて安定していて，あたかも大方のあらすじが事前に定まっているかのように映る。しかし，本稿で見てきた3つの「手」のふるまいの発達という変化の背後には，みずからは変化することがない「筋書き」のようなものが，あらかじめ存在しているわけではなかった。むしろ，これらの手の所作の変化の道筋は，私たちの日常をとりかこむ独特の環境の構造や，そのなかで日々くりかえされているあたりまえの出来事と切り結ぶなかで，その場で動的に浮かび上がってくるものだった。

かつて，発達心理学者のThelen（2005）は，人間のふるまいの発達を，山間の水流（カスケード）というメタファーでとらえることを提案した。山間を流れる川の水は，あるところでは急流をなし，別のところではよどみ，ときに枝分かれし，再び出会いつつ，絶えず流れ続けていく。水は止むことなく絶えず流動しつつも，その流れ方には比較的安定したマクロなパターンを見出すことができる。しかし，水の流れ方を事前に指定する「筋書き」が，どこかに記されているわけではない。と同時に，ある時点にある場所で生じる水の流れは，その時点までの水流の履歴とその場所に固有のものであって，流れる水をすくって分析してみたところでその成り立ちがとらえられるものでも

ない。

　発達を山間の水流のようにとらえるとき，生物個体の発達の研究は，発達を起こす「筋書き」の研究ではなく，発達という時間スケールにおいて，生物個体と環境が出会うなかで動的に浮かび上がる「移ろいそのもの」の研究となる。このとき，生物個体の変化のまわりで起こっているあたりまえの日常経験について，それが発達という変化においていかなる意味をもつのか，あらためて問うための足がかりが生まれる。

▶謝辞

　本稿は JSPS 科研費 JP21KK0182, JP22H00988 の助成を受けたものである。

▶文献

青井郁美，野中哲士（印刷中）座位獲得以前の乳児の自発的な手の動きを契機とした養育者の言動—育児記録における検討．生態心理学研究．

Brooks R & Meltzoff AN（2005）The development of gaze following and its relation to language. Developmental Science 8-6 ; 535-543.

Gesell A & Ilg FL（1937）Feeding Behavior of Infants. Philadelphia : Lippincott.

Hadders-Algra M（2018）Early human motor development : From variation to the ability to vary and adapt. Neuroscience & Biobehavioral Reviews 90 ; 411-427.

Mauss M（1973）Techniques of the body. Economy and Society 2-1 ; 70-88.

Nonaka T（2017）Cultural entrainment of motor skill development : Learning to write hiragana in Japanese primary school. Developmental Psychobiology 59-6 ; 749-766.

Nonaka T（2022）Activation of stance by cues, or attunement to the invariants in a populated environment?. Behavioral & Brain Sciences 45 ; 35-36.

Nonaka T & Goldfield EC（2018）Mother-infant interaction in the emergence of a tool-using skill at mealtime : A process of affordance selection. Ecological Psychology 30-3 ; 278-298.

Nonaka T & Stoffregen TA（2020）Social interaction in the emergence of toddler's mealtime spoon use. Developmental Psychobiology 62-8 ; 1124-1133.

佐々木正人，渡辺章（1983）「空書」行動の出現と機能．教育心理学研究 31-4 ; 273-282.

Thelen E（2005）Dynamic systems theory and the complexity of change. Psychoanalytic Dialogues 15-2 ; 255-283.

Valsiner J（1997）Culture and the Development of Children's Action : A Theory of Human Development. New York : Wiley.

Yamada Y, Kanazawa H, Iwasaki S et al.（2016）An embodied brain model of the human foetus. Scientific Reports 6-1 ; 27893.

Yu C & Smith LB（2017）Hand-eye coordination predicts joint attention. Child Development 88-6 ; 2060-2078.

🐟 ［特集］発達のプリズム——神経発達から多様性の道筋をたどる

精神分析的観点からみた象徴化の二系列

十川幸司 Koji Togawa

十川精神分析オフィス

I　はじめに

　精神分析理論の根底に一種の「発達論」がある
ことは，どの分析家の理論にも共通している。
Freud のリビード発達論，Klein のポジション論，
Winnicott の情緒発達論，Lacan の理論的出発点
となった鏡像段階論など，すべて精神分析経験に
基づいた「発達論」である。ただ，これらは分析
経験という特殊な経験に即した「発達論」であり，
そこにどれほど「科学的」な普遍性があるかは疑
わしい。一方，米国の Daniel Stern は母子観察
という方法論を導入して，言語以前の乳児の経験
を精緻に理論化した。このような観察という方法
に依拠した発達論は，「科学的」な外観をまとっ
ており，私たちの直観にも一致するゆえ，一般に
普及しやすい[注1]。

　この Stern の発達論に対して，公の場で討論を
挑んだのが，フランスの精神分析家 André Green
である[注2]。Green は，Stern が infantile（精神分
析的な意味での乳児期）と infant（実際の乳児）
を混同しており，乳児の観察から，精神分析的な
意味での内的対象の複雑さや乳児の内的体験は理
解できないと批判する。さらには，Stern の実験
的方法は，精神分析経験から構想されたメタサイ

コロジーより「先入観に囚われており」，精神分
析の本質を形骸化し，「科学的」な心理学へと変
えるものに過ぎないと厳しく批判している。一方，
この批判に対し，Green は「精神分析の牙城」に
閉じこもっている，と Stern も再批判を加えてい
る。

　この 20 年で，精神疾患に関する私たちの認識
は大きく変わった。かつて精神医学（とりわけ精
神病理学）においては，発達の問題は二次的な問
題でしかなかったが，私たちは，これまで以上に
（神経）発達の問題に関心を向けるようになって
いる。発達が多様な様式を取るということは，現
代精神医学の基本認識である。では発達の問題に
対し，今日，精神分析的観点からどのようにアプ
ローチすることが可能だろうか。本論では，何ら
かの「客観的」エビデンスに依拠するのではなく，
あくまで分析経験をもとにしたメタサイコロジー
的発想から，発達の問題を考えてみようと思う。
発達はそれぞれの個体によって異なった多様な経
路を辿るにせよ，その過程には一定の形式がある。
発達の多様性とはその過程の無数のヴァリエーシ
ョンなのである。

II　欲動の形象化

Freud の中期のメタサイコロジー論は、欲動と表象が、どのような関係を持ち、それぞれどのような過程を経て固有の動きを形成するかという問いに貫かれている。彼は、欲動が身体と心の境界で働き、表象（代理）によってのみ、無意識という心的領域に入ると想定した。「欲動は（身体という）源泉から目標（表象）へと向かう途中で、心的な働きをするようになる」（『続・精神分析入門講義』）。つまり欲動は、身体にルーツを持つが、直接的に心的なものと関係を持たず、欲動の代理となる表象を媒介とすることによって、心的なものと関係する。

欲動概念は、精神分析の根本概念であるが、あくまで一つの仮説であるゆえに、これを科学的かつ実証的に研究することはできない。この概念は後の分析家の臨床経験と入念な理論化によって、洗練されてきた。とりわけ欲動に関する理論を展開させたのは、自閉症や精神病など、発達の早期に病理を抱えた患者に関心を向けた分析家たちである。

乳児が最初に直面する恐怖は、身体の欲動の高まりであり、欲動が生み出すカオスである。Freud は「欲動の動きをどう制御するか」という課題が、人間の神経系を今日の発展段階にまで高める原動力になったと述べている。この欲動の動きを制御し、カオスに秩序をもたらす過程を、René Roussillon に倣って象徴化と呼ぶなら[注3]、象徴化には二つの段階があると言える。それらをさしあたり一次象徴化、二次象徴化と名づけることにしよう。

一次象徴化とは、欲動の動きそれ自体がリズムを持ち、動きに形を与え（形象化）、秩序を創出することである。つまり外部の媒介物の力を用いることなく、欲動自らが、動きの中で自らの形を生み出すのである。Freud は、乳児の感覚や欲動の形象化の様式に着目することはなかったが、分析家 Laurence Kahn は、子どもの運動図式の形成や運動と結びついた形態を研究することによって、欲動の形象化過程を的確に捉えている[注4]。

Kahn によれば、乳児には感覚の芽生えの最早期から、対象はまだ存在しなくても、すでに象徴化するためのリズムは存在している。そして乳児は、身体を動かすさいの運動の記憶（運動痕跡）をもとに、自己身体と世界との関係を精緻に組み立てていく。Kahn が欲動の動きの形象化を理論化できたのは、Freud が知覚痕跡だけから心的装置の構想を練り上げたのとは異なり、そこにもう一点、運動痕跡という観点を取り入れたからである。

欲動が一次象徴化の過程を経ない場合、欲動は減弱せず、カオス状態であり続けるために、心的領域と関係を持つことが難しい。例えば Didier Anzieu は、ある自閉症者においては、欲動は形象化されないまま無軌道に作動し、患者は皮膚が剥がれるような感覚体験や、穴に吸い込まれて自己固有の空間を失う体験をすることを指摘している[注5]。彼らの自我の象徴化機能は働いていない。そして、そのさいに不全な自我を支える代補的な「形象」が生じる場合がある。この代補的な「形象」を Anzieu は、形態的シニフィアン（signifiant formel）と名づけている。形態的シニフィアンは、Lacan のいう象徴界を構成するシニフィアンとは異なり、他のシニフィアンに送付されることはな

注1）私は以前に、Stern の発達論をオートポイエーシス理論に接続することによって、自らの精神分析理論の骨格を提示した（『来るべき精神分析のプログラム』、講談社、2008 年）。そのさい私が、Stern に着目したのは、彼の理論の「科学性」ではなく、そこに含まれる動的な視点や、リズム性にあった。

注2）1997 年 11 月 1 日の公開討論は、後に書籍化されている。André Green & Daniel Stern, Edited by Joseph Sandler et al., Clinical and Observational Psychoanalytic Research : Roots of a Controversy, Karnac, 2000.

注3）René Roussillon et Anne Brun, Formes primaires de symbolisation, Dunod, 2014.

注4）Laurence Kahn, L'écoute de l'analyste : De l'acte à la forme, PUF, 2012.

注5）Didier Anzieu et al., Les enveloppes psychiques, Dunod, 1987.

く，象徴体系の異物として存在する。形態的シニフィアンは，象徴化機能には関与せず，欲動のカオスを暫定的に固定する役割を果たしているに過ぎない。

　二次象徴化とは，表象，つまりイメージと言語による象徴化のことである。その中でも決定的な役割を果たすのは，言語による象徴化である。一次象徴化と二次象徴化は，まったく異なった過程である。しかし，一次象徴化と二次象徴化の間には連接性があり，前者は後者へと移行する。両者が独立して働くこともあるが[注6]，定型発達においては，二つの象徴化は，段階的に起こる。その方が欲動の制御はより高度に洗練された形でなされるだろう。この象徴化の過程で最も謎めいているのは，二つの象徴化のつながり方だ。生物としての人間は，一次象徴化と二次象徴化へと移行させるさいに，ユニークな媒介物を利用している。その媒介物とは声である。私たちは，二次象徴化について論じる前に，欲動と緊密な関係を持ち，言語の土台をなす声について考えておく必要があるだろう。

III　声という媒介物

　人間の原欲動として Freud が挙げたのは性欲動と自我欲動である。とりわけ性欲動は，臨床経験の中で重要な意味を持ち，しかも独立した形で観察可能なので，Freud は欲動論の礎に置いた。そして性欲動の源泉となる器官の変動に着目し，口唇欲動，肛門欲動，性器的欲動という（性的）発達論を組み立てた。これらの欲動は，身体器官に源泉を持つ欲動であり，身体の内部に閉じた欲動である。

　これらの欲動に加え，Lacan は視る欲動（pulsion scopique）と呼びかけ欲動（pulsion invocante）を新たな欲動として付け加えている。それぞれの欲動の源泉となるのは，それぞれ眼差しと声である。さらに Lacan は，この呼びかけ欲動を「無意識の経験の最も近くにある」欲動だと論じている[注7]。この二つの欲動は，身体内部で閉じたものではなく，間主体的な領野へと向けられた欲動である。前者の眼差しについては，Freud はすでに窃視症者と露出症者を例に，欲動の能動性から受動性への反転，および自分自身への方向転換という機制による欲動のナルシス的充足について論じている。しかし，後者の声と欲動の関係について，Freud は具体的な記述を行っていない[注8]。

　声の独自性とは，それが身体に由来しつつ，言語の起源となることである。声は喉頭，声帯に代表される発声器官と結びついてはいるものの，実際の発声行為は身体全体を巻き込んでなされる。声は身体器官が生み出す特別な音であり，人間の言語表現の最初の素材である。乳児は，喃語，叫び，嗚咽などによって，自らの欲動を放出する。さらにこの声に応答する母親の声や振る舞いが，乳児の発声を誘発し，発話の連続性が生じる。このように，母と乳児の声の相互作用が中心となって，乳児の初源の経験世界が形成される。この声（＝音）という欲動（対象）が，他の性欲動と異なっているのは，それが身体に源泉を持ちながらも，身体内部で閉塞せずに，身体の外部に存在する言語体系との対応関係を持つようになるという性質である。

　先にも述べたように，一次象徴化は欲動の形象化であり，二次象徴化は言語による象徴化である。言語は一見，欲動と無関係に独立した体系を構築しているように見える。しかし，精神分析的観点から見るなら，言語が呼びかけ欲動の源泉となる声を基盤としている限りにおいて，言語は欲動と無関係ではありえない[注9]。言語と欲動を考える

注6）例えば，アスペルガー症候群は，一次象徴化を用いることなく，二次象徴化によって欲動の亢進に処処していると言える。

注7）Jacques Lacan, Le Séminaire XI, Seuil, 1973, p.96.

注8）『自我とエス』には「超自我が聴覚由来」であると言及している一節がある。この論点を Lacan は展開し，超自我の声と享楽の関連を理論化している。

注9）Nicolas Abraham と Maria Torok は「分析セッションにおける言語は，欲動の音声的代理物である」と述べている（Nicolas Abraham et Maria Torok, L'ecorce et le noyau, Éditions Aubier-Montaigne, 1978.）。

さいに参考になるのは，今井むつみと秋田喜美による言語の起源についての考察である[注10]。今井は，言語と身体の接地点をオノマトペ（擬音語，擬態語，擬情語）に見ている。

　オノマトペが用いるのは，言語の聴覚的要素であり，これが身体に言語を住まわせている。しかしオノマトペだけだと表現できる事柄は極めて限られたものに留まる。ここから言語は，進化の過程でオノマトペから離れ，音象徴を分解し，効果的に組み合わせ，表現可能な事柄を拡張していく。つまり言語は，アナログな表現からデジタルな記号表現にシフトしていくのだ。この言語の抽象化作用により，オノマトペが持つ対象のアイコン性は，薄れていく。さらにこの過程が進行することによって，言語は一般的で普遍的な体系を獲得するようになる。驚くべきことに，ヒトは言語習得において，確実性の高い演繹論理ではなく，誤りを犯すリスクのある（Peirce のいう）アブダクション推論を用いて，言語を作り出している[注11]。「間違う可能性はあっても，そこそこうまくいく」という性質を持つ，この推論過程はヒトが生息地を広げ未知の脅威に立ち向かうために，最も有力な生存戦略だったと，今井は大胆かつ説得力のある論を展開している。

　今井が論じているのは，言語が身体と初源的にどのような関係にあり，言語がどのように独自の体系性と発展可能性を持ちえたかという認知言語学的考察である。この言語理論を参照しつつ，私たちの象徴化理論を展開するなら次のように言えるだろう。オノマトペは，呼びかけ欲動の表現としての声である。この声は，身体という精神内的な領域で留まるのではなく，すでに外部にある言語体系と結びつき，間主体的な領域に出現する。つまり，欲動は動きであり，アナログな性質を持つが，声という媒介物をもとに言語というデジタルな素材と結びつくのだ。この言語というデジタルな素材によって，心的な領域が構築される。言語体系はあらかじめすでに完成した形で存在しているものではない[注12]。乳児は欲動のカオスから

抜け出すために，声を媒介物にして，言語体系と関係し，さらにその言語体系を，かつてヒトがアブダクション推理によって，自らを人として形成したように，自分なりに作り上げていくのである[注13]。

Ⅳ　声の経験としての精神分析経験

　私たちがここまで論じてきたのは，欲動が二つの象徴化を経て，言語体系と結びついていく過程である。しかし，これはあくまで一つの「発達論」であり，私たちが精神分析理論を立ち上げようとするならば，あくまで精神分析という特殊な経験において，この発達論を再検討していかなくてはならない。

　分析における語りを，情動をともなった「生きた言説」と呼んだのは Green である。この生きた言説では，発語（声）によって，意味が生まれる。改めて注目しておきたいのは，精神分析経験が何よりも声の経験であることだ。患者の自由連想も，分析家の解釈も言葉というより，声である。声が身体と言語を媒介するということを私たちは先に論じたが，分析セッションにおける声とは，

注10）今井むつみ，秋田喜美『言語の本質』（中公新書，2023 年）。言語の進化については，Terrence Deacon が Peirce 理論を援用しつつ，「言語と脳の共進化」という興味深い論点を提示している（『ヒトはいかにして人となったか』，金子隆芳訳，新曜社，1999 年）。

注11）チンパンジーは，生活の中で遭遇する対象の多様性，不確実性がヒトほど高くないので，誤りを犯すリスクの低い演繹推論の方が生存戦略に有利だった。今井によれば，ヒトを人にしたのはアブダクション推論なのである。

注12）Lacan のいう大文字の他者（象徴界）は，シニフィアンの体系として完結しているのではなく，対象 a という欲動の残滓を残している。しかし Lacan には，言語がアブダクション推論によって展開するという発想はない。

注13）発達障害と呼ばれる病理は，象徴化の障害が関与している。例えば，ASD，ADHD には，欲動の形象化（一次象徴化）の障害が見られる。この点については，私はかつて「欲動のリズム」という観点から論じた（拙論「欲動論の未来」，『精神分析のゆくえ』（金剛出版，2022 年）収録）。また学習障害は，象徴化の観点からは，一次象徴化と二次象徴化の接続，および二次象徴化の働きに問題があると想定できる。

どのようなものだろうか。

　セッションのなかの発話行為によって生じる声を，Greenに倣って分析的パロール（parole analytique）と呼ぶことにしよう。Greenによれば，分析的パロールは，（カウチに横たわって）発せられる声（parole couchée）であり，他者に向けられた言葉である[注14]。私たちの観点から，もう一つ本質的な特徴を挙げるなら，分析的パロールは意味があらかじめ決定された発話ではないということだ。発話行為によって，声は他者に向けられた記号になり，それによって声が意味を持つ。もちろん，私たちが用いる日常言語では，それぞれの語は同一性を保ち，反復可能な形で存在する。そうでなければ，私たちの日常を成り立たせている言語的生は危機に瀕するだろう。日常言語で第一に優先されるのは，意味の同一性である。だが，分析的パロールはそうではない。分析的パロールは，患者の自由連想にせよ，分析家の介入にせよ，意味の同一性よりも「身体」の偶然性と深く結びついている。ここでいう「身体」とは，欲動のみならず，身ぶり，身体の状態，情動，感覚など複数の要素の複合体のことだ。それゆえ分析における声は，偶然性に満ちたものであり，反復不可能な唯一的な音（＝声）なのである。

　さらにもう一点，重要なのは，声は欲動と同じく，リズム性を持つことである。言語において，リズム性は二次的なものである。そもそも日常言語においては，意味の同一性が優先事項であるのに対し，リズムはその同一性を不安的にするものでしかない。しかし，分析セッションが蘇生させようとするのは，まさに声のリズム性である。このリズム性こそがセッションを動かす力となる。患者の自由連想の音声的リズムを分析家が受け取り，また分析家の解釈も身体性をともなったリズムとして患者に伝わる。分析中には，さまざまなリズムが生じる。それはセッションに驚きをもたらすこともあれば，意味の脱臼を引き起こすこともある。分析過程を先に進める主要な要素は，患者の自由連想や分析家の解釈に連動するこのようなリズムの動きである。

　精神分析過程とは，私たちがこれまでに述べた二つの象徴化が働く場である。では私たちが論じてきた二つの象徴化という観点から，精神分析治療の本質と分析治療の目的について，どう考えることができるだろうか。

　精神分析治療を始めるには，治療構造の設定が必要となる。この構造なしに精神分析はありえない。設定は，まずは外的条件（時間，頻度，料金など）の取り決めである。しかし，分析が進展すると，この形式的な条件は分析空間の性質まで決定する内的設定となる。つまりそれはもはやセッションに関する形式的な約束事のみならず，分析作業を可能にする基盤となる。Greenは，基盤となる外的・内的設定のことを「枠組み構造」（structure encadrante）と名づけている。この基盤のもとで，象徴化作業が行われる。すなわち分析作業において，欲動を形象化する一次象徴化と，言語による二次象徴化が進められ，主体（患者）の対象の不在を内在化する機能が高められるのである。この点については，もう少し説明が必要だろう。

　Freudは中期のメタサイコロジー論考において，陰性幻覚という現象に着目している。幻覚とは，一般に，ないものが見えることだが，陰性幻覚はあるものが見えないという現象である。Freudは，幻覚を解明するためには，陽性幻覚からではなく，陰性幻覚から始めなくてはならないと強調している。Freudのテクストに出てくる代表的な陰性幻覚は，「症例狼男」が，小指を切断された（小指の不在）という幻覚を見る経験である。狼男の陰性幻覚は，去勢の事実に対する防衛機制であり，病理現象である。Greenは，このFreudの着目を引き継ぎ，独自の観点から理論化を試みている。だが，彼は陰性幻覚それ自体を病理現象とはみなさない。陰性幻覚を，人間の心的

注14）Greenはあえて，大文字の他者（Autre）というLacan由来の言葉を使わない。彼のいう他者はより経験的水準の他者のことである。

基盤が形成されるための能力と捉えるのだ。

　例えば，心的基盤が脆弱な子どもは，母の不在を苦痛に感じ，不在のはずの母を幻想的に現前させてしまう。その子どもは母の不在を十分に象徴化できず，苦痛な状況では不在の母をポジ（positif）の形で現前させている。しかし子どもの象徴化形成がさらに進むならば，母の不在を不在の対象として象徴化し，心の中にネガ（négatif）の痕跡を保持することができる。さらには，この象徴化形成によって，子どもは不在一般を不在の対象として表象できるようになるのである。このネガの痕跡が作り上げる潜在空間こそが，人間の思考活動の基盤となる[注15]。

　患者の自由連想は，現実の感覚，情動，身体状態を巻き込んだ言葉の連鎖である。そこにはすでにリズムがあるが，リズムは無軌道で，断裂が多く，拡散的である。この自由連想に能動的に関与し，患者の語りを分節化するのが，分析家の役割である。訓練された分析家は，患者の自由連想を分節化して聴いている。患者の連想は内容の変化や沈黙による区切りがある。また身体的緊張の高まりや，声のトーンや間による変化がある。分析家はこの患者の語りを能動的に聴き，介入することによって，分析的対話のリズム構造を生み出していく。この営みが各瞬間，毎セッション，数年にわたって行われる。

　この分析過程において，患者は間主体的（interpsychique）に生じるリズムを，自己の身体に，すなわち精神内的（intrapsychique）な領域に取り込む。このリズムの内在化によって，患者の枠組み構造は変形され，その後の分析作業を通して，より柔軟で強化された枠組み構造が形成されることになる。精神分析治療とは，分析的交流によって生じたリズムを患者が長年にわたって内在化し，さらに自分なりのリズムを生み出すことによって，生の基盤となる枠組み構造を新たに作り上げる営みなのである。

注15）不在の痕跡が，リズムを伴い反復されることによって，心の中に潜在空間を作り上げるメカニズムについては，別稿で論じた。拙論「心的生の誕生」（『思想』，岩波書店，no.1181，2022年）。

🐦 [特集] 発達のプリズム──神経発達から多様性の道筋をたどる

絆の音楽性

乳幼児と養育者のあわいにあるもの

根ヶ山光一 Koichi Negayama

早稲田大学

I　問題

　ヒトは社会的動物として，相互に関係を調整して集団生活を営んでおり，その調整機能を担っているのがコミュニケーションである。Malloch & Trevarthen（2009/2018）はヒトのコミュニケーションにパルス・クオリティ・ナラティブという音楽的要素が存在することを指摘し，それを "Communicative musicality"（絆の音楽性）と呼んだ。その3要素はそれぞれリズム・音質・起承転結ともいえるもので，社会的状況における共振を作り出す。いいかえると，場を共有する者にそれらがシェアされることで，互いの間に繋がりの感覚が発生する。

　本稿のタイトルにある「あわい」は，物理的には両者の身体間に横たわる「間隙」である。抱きや哺乳などの世話行動は養育者と子どもの重要な行動であるが，そこではタッチ，つまり間隙ゼロの状態が必要である。しかし両者はタッチばかりしているわけではなく，あえて離れるという「遠心性」への志向もある。しかも乳幼児と養育者の求心性と遠心性の揺らぎは共振しているとは限らず，接近したり離れたりを両者間でダイナミックにやりとりしている。乳幼児と養育者のあわいに

存在するものは間隙調整に関する豊かなコミュニケーションであり，そこに音楽性の重要な機能がある。

　間隙調整にとって格別重要なのは二者の行動の「同期」である。行動が同期することで二者の間隙調整が容易になるが，それはむしろ行動を調整して同期させることによって当事者の繋がりの感覚が生まれるというべきであろう（Feldman, 2007；Hove & Risen, 2009）。ヒトには「拍知覚同期」が存在しており（藤井, 2020），同期を希求する性質がある。子どもは太鼓を叩いたり音楽に合わせて体を揺すったりすることを好む。実際に外的なリズムによって子どもの行動を同期させると，その仲がより親密になる（Tunçgenç & Cohen, 2018）。親子の間で行われる抱き揺すりや撫で・トントン叩きによるパターン化したリズム，あるいは子守歌によるあやしと歌遊びによるメロディやナラティブの共有などには，同期や共感を促す機能があるものと推察される。

　リズムによる単調な行動単位の反復は同期を成立させやすく，そこでは相手の意図を読みつつ刻々と調整することは必要ではない。しかし同一の動作を単調に反復することだけでなく，ハグや握手など一回性の行動でも同期は起こりうる

し，繰り返しがあっても間隔がイレギュラーであれば，そのつど同期のために相手の意図を読んでの調整が必要である。むしろ通常のコミュニケーションではこのようなやりとりがほとんどであろう。

調整を必要とする同期の場合，微視的にみればどちらかが行動を先行させ，その相手が後続させていることになる。つまりタイミングに微細なズレが生まれる。そのズレは偶発的な場合もあるが，関係の属性によっては先行・後続関係が固定化している場合もありうる。たとえば子どもの離乳食場面においては，母親の食供給・子どもの開口に対して母親が同期的に開口行動を行うことが観察されるが，そのやりとりには，親主導性の強い英国と子主導性の強い日本という明瞭な文化差がある（Negayama et al., 2021；根ヶ山，印刷中）。このように，いわゆる同期現象であっても，それを微視分析して得られる同期中の非同期成分には重要な意味がある。

母子はよく遊びを行う。遊びは相手の意図を読みつつ，送り手と受け手がそれぞれの全身を用いて，タッチを含むさまざまな行動パターンを駆使して自由に行うコミュニケーションであるため，同期の取り方も多様なものとなる。タッチばかりでなく音声も身振りも伴ったマルチモーダルなやりとりで，そのすべてに同期がかかわっている。タイミングを合わせて音声を発することは，まるで即興演奏をする息の合ったプレイヤーのごとくスリリングで，両者の絆を強めることに繋がる。ただし音声による同期には斉唱のように声を重ねる場合と対話のように交互に連なる場合とがある。特に会話する場合には話者交替のタイミングがスムーズなコミュニケーションには欠かせない要素となる（市川，2011）。そのことをふまえると，発声のタイミングには特に細かな分析が求められる。以下では日英の母子の音声を伴うやりとり場面で，子どもの発声と母親の発声その他の行動が重なって発現するか連なって発現するかという点に焦点化して検討することとする。分析には日英

の母子を家庭で観察した根ヶ山（2020）のビデオ映像を用いた。

II 研究

1 目的

日英の家庭における母子の日常場面と遊び場面のビデオ映像から，子どもの発声に対して，母親の発声または他の行動がそれに先行したか後続したかを時系列分析し，そのことを通じて日英で子どもの発声が母親の行動といかに同期しているか，またそれを成立させる親子の主導性に日英差が存在するかを明らかにする。特に母子が声を重ねる同時発声（共起）と声を連ねる経時発声（継起）という2種類の同期の発現と，そこにおける母親と子どもの先行・後続関係の日英差に注目する。

2 方法

1．研究参加者

研究参加者は日本と英国の母子各7組で，子どもはいずれも健康上問題のない第一子である。母親の平均年齢は日英それぞれ 33.7 ± 3.9 歳と 32.6 ± 5.6 歳である。

2．観察手続

研究者（日本：筆者／英国：Edinburgh 大学の女子大学院生）が4, 6, 8, 10, 12 カ月（±1週間）の5回にわたってそれぞれの家庭を反復訪問し，馴化を兼ねた30分の定常観察とそれに続く10分間の身体接触遊び場面の観察を行って，その様子をなるべく自然な状態でビデオカメラにより撮影した。遊びには極力モノを使わないように依頼した。その映像をもとにまず子どもの発声が見られた場面を抽出し，その中から母親がそれとタイミングを合わせて発声その他の行動を発現させることで文脈を共同生成したやりとり（日本：220 事例／英国：269 事例）について，動画解析ソフトELAN によりその時系列構造を分析した。

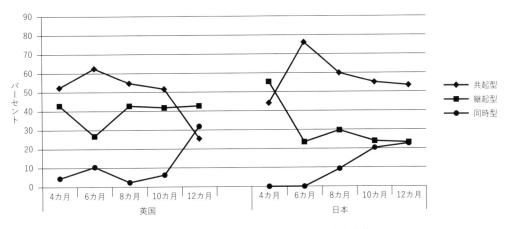

図1　子どもの発声行動に関わる同期の生起率変化

3　結果

　子ども（もしくは母親）が発声したとき，その発声中に母親（もしくは子ども）が自分の音声を重ねるように発声するか（共起型），子ども（もしくは母親）の発声が終わってから短時間のポーズの後に母親（もしくは子ども）が発声するか（継起型）という2タイプに同期を下位分類した上で，母親と子どもの主導性が明白な共起継起のみを分析対象とした（図1）。なお，ここでは両者の発声の主導性を問題にするため，子どもの発声の開始または終了と母親の発声の開始が正確に同期していて主導性が判定不能の場合（同時型）は問題にしないが，参考のために第3のパターンとして図に含めている。相手の発声中に声を重ねる共起型と相手の発声終了後に声を出す継起型は，ともに研究を開始した4カ月齢から多数発現しており，共起型の方が継起型よりも多かった。また，月齢が進むとそれぞれ複数のユニットが連結されて長いバウトを構成する場合があった。一方でタイミングを正確に合致させた同時型は，研究期間の終了間近で比較的頻繁にみられるようになった。

　共起型にせよ継起型にせよ，同期には母親が主導する場合と子どもが主導する場合とが存在した。それらを一括して母親の主導率（＝母親主導／母親主導＋子主導）を図示したところ，日本の

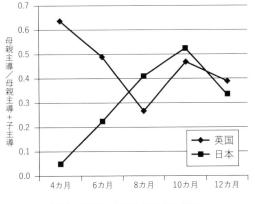

図2　同期における母親の主導率

母子は前半期において母親の先導による継起の頻度が極端に少なく，後に増加したのに対し，英国は逆に母親の主導性がはじめから強く，後に減少して日本と同レベルとなった（図2）。いいかえると，当初英国は母親が同期を主導する傾向が強かったのに対し，日本の場合は明らかに母親が子どもの発声を待って反応的に発声しており，そこに明確な文化差がみられた。しかしながらその日英差は，8カ月以降には縮小していた。

　次に，母親と子どもがそれぞれ先行者の発声に対して後続して発声したインターバルを分析した。共起的同期の場合は先行者の発声と後続者の発声の開始時間の差を，継起的同期の場合は先行者の発声終了と後続者の発声開始の差を，それぞ

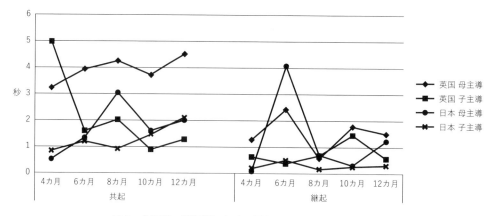

図3　共起型・継起型における反応のタイミング

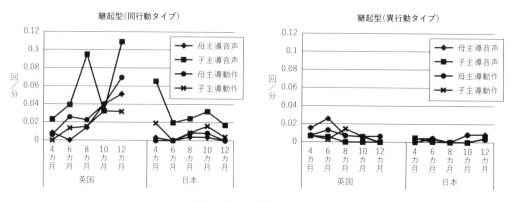

図4　継起型同期のタイプ

れインターバルとした。図3をみると，共起型に比べて継起型の方がインターバルが短く，より短い潜時で反応を発現させていた。その傾向は英国よりも日本の方が強く，特に日本の子主導タイプの継起の場合に顕著で，それは日本の母親が子どもの発声の終了を待ちかまえて直ちに発声していたことを示している。共起型の場合，英国の子どもは母親が発声を始めて数秒後に発声していることが特徴的である一方で，子主導の場合は4カ月の英国を除き，1～2秒の比較的短いインターバルで母親が後続する傾向が日英共通にみられた。

　継起型の場合，同行動タイプ（先行者の音声もしくは身体行動を後続者も示す）が異行動タイプ（「音声と身体行動」という異なる行動の組み合わせで連結される）よりも圧倒的に多かった（図4）。特に子どもが先に発声し，それに連結して母親の

発声が生ずる場合が顕著で，日本では事実上，たとえば子どもの「アー」という発声に対して母親が即座に「アー」とオウム返しをするとか，「ウン」と返事するといったやりとりにほぼ限られていた。図3において指摘された，日本の母親における子主導・継起型の迅速な反応の実体はこういった行動であった。英国でも子どもの音声に母親の音声が継起することが多かったものの，発達につれて母親も発声・動作で主導し，子どもが同タイプの行動で返すという継起が増加しており，日本と違って英国では，母子がともに主導して同行動タイプによる対話的やりとりとなる傾向がみられたことは特記すべき点である。

4　考察

　本研究では子どもの発声を手がかりとして，日

英の家庭における母子の行動の同期という観点から音楽性の文化差を検討した。その結果は，日英ともに母子が家庭で日々豊かに音声と身体行動で同期を実現していることを示していた。先行行動に後続して行動を重ねること（共起）が多かったが，先行行動終了後に後続行動が交替して生じること（継起）も多発した。初期に日本の母親は後続者になることが多く，逆に英国の母親は先行者になることが多かったが，発達とともに両者の傾向は収斂した。継起は相対的に短い時間間隔で生じたが，子どもが音声で主導し，それに対して瞬時に母親が音声で続くという継起が一貫して多い点が日本の大きな特徴であり，一方英国の母子は発達とともに相互主体的・対話的になった。

　母親と乳児の遊びを含む通常のやりとりにおいてはテンポや歌などの音楽的要素が豊かにあって，それが両者の行動におけるタイミングの一致を生んでいることが示唆された。日英共に共起型が主流であったが，Stern et al.（1975）も，母親と3カ月児の発声のタイミングを対応させてみると，母親と乳児は同時に発声することも交互に発声することもあるが，なかでも母親が子どもの発声中に発声することが多いこと，特に快感情が高いときにそうなりやすいことを指摘し，母親と子どもの共行動（coaction）型の発声は「母子の結びつきを形成する初期のアタッチメント行動」であり，交替型の発声は後の会話に繋がるものであろうと考察している。子どもの発声は母親の発声の重要な解発刺激であり，その共起型と継起型の同期はそれぞれ水平型・垂直型の同期といいかえてもよく，それによって双方に繋がりの感覚の共有が作り出されているといえよう。

　ところがその同期の発現機序には，英国の母親が親主導的で，日本の母親は子どもに追従的であるという点で，大きな文化差もみられた。そしてその違いは子どもの能動的関与が相対的に弱い発達初期に大きかった。Anderson et al.（1977）は，米国の家庭における3カ月児と母親間の自然な音声のやりとりを分析し，母子相互に相手の発声に

反応する傾向があるものの，子どもよりも母親の方が発声を主導する傾向が有意に高いということを明らかにした。この結果は本研究における英国の母親に認められた傾向と同じものであった。子どもが親の意図を読み，それに合わせて自分の行動を調整できるようになると，その差は縮小していくことが本研究で示された。

　日本の母親が特に継起型の同期において，子どもの発声に対し一貫して即時応答的・共感的発声を行っていたのに対し，英国の母子間には相互主導的・対話的発声がみられるように発達的に変化していったという相違点は，母子コミュニケーションの発達にとって興味深い文化差であった。Negayama et al.（2015, 2021, 2022）は，子どもの抱き上げ場面における母親の抱き上げ方，離乳食場面での母親による食供給と共感的開口，寝かしつけ場面での母子分離や寝起き場面の接触再開において日英の母子を比較し，どの場面にも共通して英国の母親の親主導性と日本の母親の子主導性がみられることを指摘した。幼い子どもと母親の間には言葉による対話はまだないが，Kaye（1977）が新生児における摂乳の休止と母親による乳首ゆすりの対応の研究で指摘したように，母子のやりとりにはその時点から対話的な交替の契機が存在する。それが西欧の母子関係に特徴的なことなのか日本の母子にも共通することなのかは定かではないが，親子間の主導性における文化差の存在をふまえれば，相当早い時点で欧米と日本に差がみられると推察される。コミュニケーションの文化差の発達として興味深い問いである。

　不規則で自由なやりとりの場合は，即興演奏に似て，互いがクオリティやナラティブまで含めてダイナミックに調整し合いながらやりとりすることになる。その場合には単なるリズムのレベルを超えた気分や文脈の共有が求められ，それがうまくいけば，両演奏者間に「息が合う」状態が生まれ疎通感覚が共有される。英国で子どもが1歳近くになると，相手との意図の読み取り合いを通して音楽的なやりとりが頻繁に生じるようになった

ことは，音楽性と対話の関係を考える上で重要なことであった。そこにさらに言語情報が付け加わることによって，真の対話へと発達してゆく。それは日本の母親が1年間一貫して，子どもの発声に自分の音声を重ねる共行動に終始していた結果とは対照的であった。このように，発声を含むやりとりの音楽性，特に同期の成立機序は，日英の養育者と子どもの間に横たわる文化差の興味深い切り口であるとともに，それぞれの社会におけるコミュニケーション特性の基盤を理解する重要な手がかりといえる。

▶ 謝辞

　家庭での反復的な観察に協力してくださった日英の母子はもちろんのこと，英国の母子映像の撮影にご尽力いただいた Edinburgh 大学の Niki Powers 氏にも感謝します。

▶ 文献

Anderson BJ, Vietze P & Dokecki PR（1977）Reciprocity in vocal interactions of mothers and infants. Child Development 48 ; 1676-1681.

Feldman R（2007）Parent-infant synchrony : Biological foundations and developmental outcomes. Current Directions in Psychological Science 16 ; 340-345.

藤井進也（2020）リズムを処理する脳——ヒトの音楽性の発達的起源．In：今川恭子 編著：わたしたちに音楽がある理由——音楽性の学際的探究．音楽之友社，pp.39-50.

Hove MJ & Risen JL（2009）It's all in the timing : Interpersonal synchrony increases affiliation. Social Cognition 7 ; 949-960.

市川熹（2011）対話のことばの科学——プロソディが支えるコミュニケーション．早稲田大学出版部．

Kaye K（1977）Towards the origin of dialogue. In : HR Schaffer（Ed）: Studies in Mother-Infant Interaction. Academic Press, pp.89-118.

Lee D & Shögler B（2009）Tau in musical expression. In : S Malloch & C Trevarthen : Communicative Musicality : Exploring the Basis of Human Companionship. Oxford University Press.（蒲谷槙介 訳（2018）音楽的表現におけるタウ．In：根ヶ山光一，今川恭子ほか 監訳：絆の音楽性——つながりの基盤を求めて．音楽之友社，pp.78-100）

Malloch S & Trevarthen C（2009）Communicative Musicality : Exploring the Basis of Human Companionship. Oxford university Press.（根ヶ山光一，今川恭子ほか 監訳（2018）絆の音楽性——つながりの基盤を求めて．音楽之友社）

Negayama K（1993）Weaning in Japan : A longitudinal study of mother and child behaviours during milk- and solid-feeding. Infant and Child Development 2 ; 29-37.

根ヶ山光一（2020）家庭環境における母子の身体接触遊び行動——日英の縦断的比較．こども環境学研究 16 ; 47-53.

根ヶ山光一（印刷中）からだと同期——離乳食場面における母親の共感的開口から．In：根ヶ山光一，外山紀子 編著：からだがかたどる発達．福村出版．

Negayama K, Delafield-Butt JT, Momose K et al.（2015）Embodied intersubjective engagement in mother-infant tactile communication : A cross-cultural study of Japanese and Scottish mother-infant behaviors during infant pick-up. Frontiers in Psychology 6 ; 66. https://doi.org/10.3389/fpsyg.2015.00066

Negayama K, Delafield-Butt JT, Momose K et al.（2021）Comparison of Japanese and Scottish mother-infant intersubjectivity : Resonance of timing, anticipation, and empathy during feeding. Frontiers in Psychology 14. https://doi.org/10.3389/fpsyg.2021.724871

Negayama K & Trevarthen C（2022）A comparative study of mother-infant co-regulation of distance at home in Japan and Scotland. Infant Behavior and Development 68 ; 101741. https://doi: 10.1016/j.infbeh.2022.101741

Stern DN, Jaffe J, Beebe B et al.（1975）Vocalizing in unison and in alternation : Two modes of communication within the mother-infant dyad. Annals of the New York Academy of Sciences 263 ; 89-100.

Tunçgenç B & Cohen E（2018）Interpersonal movement synchrony facilitates pro-social behavior in children's peer-play. Developmental Science 21 ; e12505. https://doi.org/10.1111/desc.12505

［特集］発達のプリズム──神経発達から多様性の道筋をたどる

［コラム1］女の子たちのメタモルフォーゼ

関根麻里恵 Marie Sekine

学習院大学ほか非常勤講師

女の子たちのメタモルフォーゼは，自分のあずかり知らぬところでひたひたと進行し，ある日突然やってくる。肉体的にかもしれないし，精神的にかもしれない。たった一人でそれを受け入れるかもしれないし，集団に対して影響を与えるかもしれない。周囲から祝福されるかもしれないし，嫌悪されるかもしれない。

本稿では，メタモルフォーゼする女の子たちとその周囲の様子を描いた映画を 3 作品紹介する。ここでいうメタモルフォーゼとは，辞書等に記されているような変化，変身，変容を意味するが，より具体的には，女の子が自分自身もしくは他者のジェンダーやセクシュアリティのゆらぎに気づき，それによってどのような変化，変身，変容が自分自身や他者にもたらされたかという一連の流れを指す。それぞれの作品でメタモルフォーゼする内容が異なるため，都度言及する。また，あえて作品の形式（短編／長編，実写／アニメーション）は統一せず，その形式だからこそ表現できるような設定のものを選定した。

作品を紹介する前に，まずは前提となる用語の確認をしておく。ジェンダーは，生物学的性差[注1]を意味するセックスの対義語として社会的性差，すなわち生まれ育った環境によって生じる性差

（集団としての男女の違い）を表すものとして使用される。社会学者の加藤秀一（2017）は，こうした使用方法のみならず，男らしさや女らしさのイメージ，男はこうあるべき・女はこうあるべきという性別役割，単に性別を指すのに使われることも増えてきたと指摘している。また，セクシュアリティは，現在では性的指向（セクシュアル・オリエンテーション）を指す言葉として認識されているが，もう少し広範な性的なあり方を指す。本稿では，社会学者のアンソニー・ギデンズとフィリップ・W・サットン（2014=2018）が上記のような使用状況を吟味したうえで示した定義を採用する。

> ジェンダー：「ある特定の社会のメンバーにとってふさわしいとみなされる，社会的・文化的・心理的特徴および行動に対する期待」（ibid., 123）
> セクシュアリティ：「人間の性的な特徴と，性行動のことで，社会的・生物学的・身体的・感情的な側面を含んでいる」（ibid., 168）

上記の定義を踏まえ，さっそく作品を紹介していきたい。

『ジュニア（原題：Junior）』（2011 年／監督：ジュリア・デュクルノー）

　本作は，第 74 回カンヌ国際映画祭で女性として 2 人目のパルム・ドールを受賞（『TITANE ／チタン』）したジュリア・デュクルノーの初監督短編作品である。映画監督のデヴィッド・クローネンバーグから影響を受けていることを公言しており，これまで彼女が手がけてきた作品のほとんどにおいて身体変容を描くボディホラーの要素が色濃く出ている[注2]。

　主人公は，13 歳のジュスティーヌ（ジュニア）。自分の身なりには無頓着[注3]で，オーバーサイズのトレーナーにスウェット，ゴツめのブーツを履き，男友達たちと粗野なコミュニケーションを取り合っていた。ある日，ジュニアの身体に奇妙な異変が現れる。医者からはウイルス性胃腸炎と診断されるが，皮膚がめくれ，裂け，身体中からヌメヌメとした分泌液がにじみ出るようになる。そして，まるで虫が脱皮をするかのようにメタモルフォーゼしたジュスティーヌは，教師，男友達，女子生徒から今までとは違った態度を取られるようになる。見た目が変わっただけではなく内面にも変化が訪れ，これまでなんとも思わなかった男友達の言動──彼女の姉に対する侮辱的な言葉──に怒りをあらわにする。

　おそらく第二次性徴のメタファーとしてジュスティーヌのメタモルフォーゼ（身体の変化）が表現されているが，今までの自分とは異なるものに変容していく様子をややグロテスクに描いているの

が見どころである。しばしば女性の第二次性徴は，文化圏にもよるが喜ばしいものとして周囲から歓迎される傾向にあるが，本人にとっては居心地が悪く，かつ得体の知れない恐怖が孕んでいる。そんな得体の知れない変容をグロテスクに描くことによって，観る者に対して身体の所有感覚を呼び覚まさせる効果をもたらしているといえるだろう。

『私ときどきレッサーパンダ（原題：Turning Red）』（2022 年／監督：ドミー・シー）

　本作は，ピクサー・アニメーション・スタジオ製作のコンピュータアニメーションで，第 91 回アカデミー賞（2019 年）短編アニメーション賞をアジア系女性として初めて受賞（『Bao』）したドミー・シーの監督デビューとなる長編映画である。

　主人公は，カナダ・トロントにある由緒正しい寺の家系に生まれた 13 歳のメイリン・"メイ"・リー。ある朝，自分が突然レッサーパンダになっていることに動揺したメイは，感情のコントロールができなくなってしまう。実は祖先の行いによって一族の女性たちは妙齢になるとレッサーパンダに変身する能力（恩恵）を受け継いでいることを母・ミンから知らされ，その対処法──自分の感情をコントロールすることで変身を免れること，儀式を行えば封印することができること──を教わる。ひょんなことから仲の良い友人 3 人に秘密がバレてしまうが，それを受け入れられたことが成功体験につながり，徐々に感情をコントロールできるようになる。さらには友人たちと大好きなメンズアイドルのライブに行くために自らの意思でレッサーパンダになってお金を稼ぐなど，自分の能力を受け入れて活かすようになっていく。しかし，叔母たちとともに儀式のために来訪した祖母・ウーから，これ以上レッサーパンダに変身しないように釘を刺されてしまう。加えて，レッサーパンダになることでお金を稼いでいたことがミンにばれてしまい，友人たちとのあいだに溝ができてしまったまま儀式の日を迎えてしまう。

　レッサーパンダになってしまうという奇想天外

注1）生物学的もしくは医学的に人間を肉体の構造から見て，性別（「有性生殖」という活動への関わり方の違い）を大きく 2 つのグループに分けていることは事実であるが，必ずしもその 2 つのグループに振り分けられないこともある。

注2）ボディホラーおよび『TITANE ／チタン』に関しては関根（2023）で詳しく論じている。

注3）ジュスティーヌは身なりに無頓着であると記したが，自分の性を否定もしくは拒絶するかのように身体のシルエットを隠蔽するアイテムをわざと着用している，すなわち他者から「女」であると認識されたくない現れとも解釈することができる。

な設定ではあるものの，『ジュニア』同様，第二次性徴の具体的な身体の変化のメタファーとしてメイのメタモルフォーゼを捉えることができるかもしれない[注4]。しかし，ここではあえて精神的なメタモルフォーゼ（抑圧からの解放）を指摘したい。というのも，彼女は家族からの期待——勤勉で無垢な「子ども」——に応えようとする一方で，友人とともにメンズアイドルに熱狂したり，近所のコンビニで働く少し上の男性との妄想をノートに書いたりと，自身のセクシュアリティがやや暴走してしまうきらいがあった。しかし，いずれも母・ミンが介入し，彼女のセクシュアリティは抑圧されてしまう。だが，レッサーパンダになる経験を通して，勤勉さと同時に自分の欲望を満たすために心身を調律するコツを習得していく。大人たちは自らも行ってきたようにレッサーパンダ——抑圧されたもののメタファーかもしれない——を封印することでメイを元に戻そうとするが，メイはレッサーパンダとの共存，すなわち自分の欲望を飼いならすことを望み，それに成功するのだ。

『カランコエの花』（2016年／監督：中川駿）

本作は，監督である中川駿がセクシュアル・マイノリティに対するアンコンシャス・バイアス[注5]に気づいたことをきっかけに作られた短編作品であり，第26回レインボー・リール東京（2017年）のグランプリのほか国内13冠を獲得している。

主人公の一ノ瀬月乃はある日，母親からカランコエの花に似ていると言われた赤いシュシュ——カランコエの花言葉は「あなたを守る」である——をつけて登校，いつもどおり部活の吹奏楽の練習に勤しみ，クラスの仲のよいグループと過ごしていた。しかし，自習時間になった月乃のクラスで，保健教師が唐突にLGBTの授業を行ったことで事態は一転する。のちに月乃のクラスだけがこの授業が行われていたことが発覚し，クラス内にある疑惑が生じた。「うちのクラスにLGBTがいるんじゃね？」と。とある男子生徒は遊び半分で当事者探しを始め，とある女子生徒は更衣室で恐る恐る着替えをするなど，徐々にクラスメイトがよそよそしくなっていく。友人が偶然聞いてしまったことを打ち明けたことによって，月乃は自分の仲のよいグループのなかに当事者がいることを知り，当事者である友人を「守る」ために行動する。しかし，その行動が友人を逆に傷つけてしまう結果となり，月乃は赤いシュシュを外してしまう。

本作の特徴は，マイノリティ当事者ではなく周囲の人々の二度にわたるメタモルフォーゼ（「守る」対象の変化）に焦点が当てられている点だ。一回目は「うちのクラスにLGBTがいる」という疑惑が生じるなかで，当事者探しやクラスメイトがよそよそしくなっていく変化，二回目は当事者が判明したあとの変化である。前者はどちらかというと当事者を特定することで自分の身を守ろうとする言動が目立つが，後者は固有名詞を持った存在として立ち上がった当事者を守ろうとする——思いやりなのか突き放しなのか紙一重な——言動が目立つ。月乃はというと，一回目のメタモルフォーゼに与しないが，二回目は積極的に介入するも失敗，すなわち守るべき相手を守ることができなかった[注6]。失敗を失敗のままにして結末を迎える本作は，視聴者側にもメタモルフォーゼ（アンコンシャス・バイアスに気づかせる）を促すものとして重要な意味を持っているといえるだろう。

▶文献

Giddens A & Sutton PW (2014) Essential Concepts in Sociology. John Wiley & Sons.（友枝敏雄，友枝久美子訳（2018）ギデンズ 社会学コンセプト事典. 丸善出版）
加藤秀一（2017）はじめてのジェンダー論. 有斐閣.
関根麻里恵（2023）痛みを感じる身体，変容する身体—『TITANE／チタン』（2021年）を例に. 現代思想 51-6；108-116.

注4）一族の女性が代々レッサーパンダになってしまうことを知らなかったメイは，家族に知られまいと「月経がきた」と嘘をつくシーンがある。
注5）無意識の思い込み，偏見を意味する。その人の経験や知識，価値観といったものをベースに認知や判断を無意識に行うことで生じる。
注6）月乃が身につけている赤いシュシュは，彼女のメタモルフォーゼを表す重要なアイテムである。

［特集］発達のプリズム──神経発達から多様性の道筋をたどる

発達を情動から考える
自閉スペクトラム症を手がかりに

別府 哲 Satoshi Beppu

岐阜大学

I　ASD は共感する能力の障害ではなく，他者に共感されにくい点に障害の形成要因がある

1　共感する能力の障害

　自閉スペクトラム症（Autism Spectrum Disorders : ASD）は DSM-5 の診断基準にあるように，他者との相互作用を含む社会性の障害とされる。加えて心の理論（theory of mind）欠損仮説（Baron-Cohen, 1995）の提唱は，ASD は他者に共感する能力の障害とする一般的な見方を流布するひとつの要因となったと考えられる。一方，ASD は心の理論が欠損しているのではなく，ASD 児者なりのユニークな心の理解を持っていること（例えば，別府（2016）），また ASD 児者は類似した特徴をもつ ASD 児者に共感することは可能であることが示されている（米田, 2018）。この類似性仮説（米田，2018）は，定型発達（Typical Development : TD）児者は同じ TD 児者の言動に共感することはできるが，ASD 児者の言動には共感しにくいことも指摘した。共感は相手との関係のなかで成立するものであり，ASD の側にのみ共感する能力の障害があるとするのは間違いであるとする論が提示されている（例えば，綾屋（2018））。

2　共感されにくい障害

　筆者は，ASD は他者に共感する能力の障害ではなく，他者に共感されにくい点に障害を形成するひとつの要因があると仮説している（別府，2016）。共感には認知的共感と情動的共感がある（梅田，2014）が，ここでいうのは特に情動的共感である。

　例えば，多くの TD 児は乳幼児期において，自分が泣いていると大人が情動的に共感し，その結果抱っこしてあやしてもらえる。そのなかで TD 児は悲しみを少しずつおさめる経験を積み重ねる（情動の外在的調整）。一方，触覚過敏がある ASD 児の場合，泣いているとき大人に抱っこされても，抱っこで身体を触られる不快によりさらに激しく泣くことがある。これが繰り返されると大人はその ASD 児の悲しみに情動的に共感しにくくなる。

　また，川に石を落とした際の波紋を繰り返し見続ける ASD 児がいる。これは DSM-5 の診断基準でいえばこだわりのひとつであり，大人はなぜそれを繰り返すのか理解しにくく，結果としてやめさせようと働きかけることがある。一方，ASD 児者にとっては，自分が波紋そのものになってしまえる楽しい感覚を得られる場合がある（東

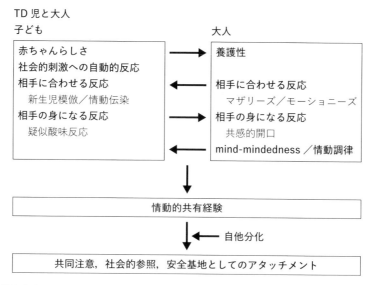

TD 児と大人
子ども　　　　　　　　　　　　　　　　大人

図　TD 児と大人における乳幼児期の発達−情動共有体験の位置づけ（別府（2016）を一部改変）

田，2014）。ここでは，ASD 児の楽しさが大人にはわからず，これも結果として情動的に共感しにくい関係性が形成されやすい。

　TD 児の場合の多くは，相手と一緒に笑いあったり一緒に悲しむといった情動共有経験を，乳児期から回りの大人と間で十二分に体験できる。一方，ASD 児者の場合，先に述べた感覚過敏・鈍麻やモノと一体化するユニークな楽しい感覚（別府，2019），弱い全体性統合などのユニークな認知により，快・不快の情動を感じる状況や対象がASD をもたない人とずれやすい。これは結果として他者との情動共有経験を作りにくくする。この情動共有経験が保障されにくいこと，つまり他者から情動的に共感されにくいことが，さまざまな ASD の症状と呼ばれるものを発達的に形成しているのではないだろうか。これは TD 児者の場合，他者に共感され情動共有経験を保障されることでさまざまな発達的能力を形成することを示唆するものともいえる。この視点に立てば，ASD 児者もその情動共有経験を保障することで，さまざまな発達の可能性を拓くことが推察される。本小論ではこの点を考えてみたい。

II　他者との情動共有経験を保障されることの発達的意味（TD 児）

　TD の乳幼児期の発達を中心に，他者に情動的に共感され，他者と情動共有経験を保障されることの意味を，別府（2016）の仮説をもとに考えてみる（図参照）。

1　大人に注意を向け合わせようとする TD 児

　TD 児は生後すぐから，回りにある人が発する刺激である声，顔，視線，動きなどの社会的刺激を他とは別のものとして選択的に注意を向ける傾性をもっている（例えば，こういった研究の概観は遠藤ほか（2011）を参照）。幾何学模様より人の顔，そして人の顔でも自分から視線を逸らすaverted gaze ではなく自分を直視する directed gaze を注視する。機械音より人の声，モノの動きより biological motion を好んでみることも同様である。

　また，TD 児はただ社会的刺激に注意を向けるだけではない。それに加え TD 児には，新生児模倣に見られるように他者の表情を模倣したり，自分には泣く理由がないのに他者につられるように

泣いてしまう情動伝染も見られる。他者を志向し，そのうえで他者に合わせる行動を頻繁に行うのである。これに加え，生後6カ月を過ぎたTD児の疑似酸味反応（川田，2011）の指摘は興味深い。そこではレモンを食べてすっぱい体験をした乳児がその後，平気な顔でレモンを食べる大人を見た際に，酸っぱそうな表情をすることに注目した。大人は平気な顔をしているため，この反応は模倣でも情動伝染でもない。そうではなく，TD児自身が他者の身になってしまう（identifying with others）（Hobson, 1993）こと，つまり自分があたかも今レモンを食べているかのようになることで生じる反応と考えられる。このようにTD児は半ば生得的に回りの人，特に養育者に対し選択的に注意を向け，またその他者の身になる反応を多く行う。

2　TD児に注意を向け合わせようとする大人

一方，周囲の大人はどうであろうか。大人は，TD児の体に比して大きな顔，目が顔の下の方に位置するといった体形や顔つきなどの赤ちゃんらしさ（babyishness）をかわいいと感じやすい。加えて自分に選択的に注意を向け自分の身になる反応を多く示すTD児に対し，ケアしたいという養護性が強く刺激されることが多い。その結果，大人は目の前にいるTD児により注意を向け，そのなかで大人自身がTD児に合わせる反応を半ば意識せずに行う。

例えば，大人が赤ちゃんに関わるときは大人同士とは異なる音声的コミュニケーションを行う。声のトーンは高く話し方がゆっくりで，抑揚が大きくなる。モノを示す際にも，赤ちゃんに対しては大人に対する場合と異なるやり方をする。前者はマザリーズ（motherese），後者はモーショニーズ（motionese）といわれる。これはいずれも，赤ちゃんにとっては注意を向けやすい話し方，モノの示し方であり，大人がTD児の注意を向けやすいやり方に合わせる行動であると考えられる。また離乳食が始まって食事を食べさせる

際，大人が子どもと一緒に口を半開きにしてしまう共感的開口（川田，2009）という現象も，一生懸命食べてほしいという思いのなかで，大人が赤ちゃんの身になってしまう反応のひとつと考えられる。さらに，例えばTD児が2，3カ月に見せる生理的微笑みは眠る際の生理的反応にすぎないが，多くの親は「おなかいっぱいで眠くなって気持ちいいねえ」などその背景に心があるように解釈（上記の強調部分）し応答する。これはmind-mindedness（篠原，2013）の一例である。TD児の情動に共感してそれを別のモードで伝え返す情動調律（近年の研究成果は蒲谷（2021）に詳しい）を含め，こういった大人のTD児に対する行動は，大人がTD児の身になることと深く関連して成立するものと考えられる。

3　情動共有経験

このようにTD児は大人に対し，大人はTD児に対し，半ば意識せず両者とも相手に選択的に注意を向け相手に合わせようとする言動を行う。そのなかで，互いに相手の身になる反応を繰り返す。それがTD児と大人が一緒に笑い合う，一緒に悲しむといった情動共有経験を，多様にかつ量的にも十分に保障することとなる。

他者と一体化する経験が十二分に保障されると，そこから逆に，自分の思いと他者の思いのずれが際立つことになり，それが自他分化の契機となる。情動共有経験と自他分化を経ることで，他者と同じ対象に注意を向ける共同注意（joint attention），それに基づく社会的参照（social referencing），安全基地（secure base）としてのアタッチメントなど，TDであれば9，10カ月頃に可能となる多くの重要な発達的能力が成立すると予想される（別府，2016）。

4　情動的に共感されることとTD児の発達

Iの1「共感する能力の障害」で，TD児は生後間もなくから，悲しいとき大人にあやされて悲しみをおさめる，情動の外在的調整を行うことを

指摘した。他者に情動的に共感され，それに支えられながら，TD児は自らの情動を調整する経験を積み重ねる。その結果，3，4歳頃になるとTD児は，悲しいとき自分の好きな玩具を持ってくることで気を紛らわそうとするといった，自分一人で情動調整を行う（内在的調整）ことが可能になる。他者に情動的に共感されることは情動共有経験を保障することであり，それに続く発達的変化（前述）を作り出す契機となる。一方ここでふれたように，他者に情動的に共感されることそれ自体が，他者の支えのもとでの将来の能力につながる経験を可能にし，それがひいてはTD児が自分一人でできる能力を獲得する契機にもなる。情動的に共感され支えられる経験は，他の領域（例えば言語，認知）の発達にもcascade効果をもつことも十分予想される。

III　ASDの発達的理解と支援を考える

1　情動共有経験とASDの発達

　他方，ASD児は生後まもなくから視線を合わせないことに見られるように，社会的刺激に選択的に注意を向ける力が弱い。また幼児期から児童期における表情の自動模倣（mimicry）や情動伝染の障害を示す研究からは，他者に合わせる力にも障害をもつことを推察させる（このあたりは，別府（2018）を参照）。それは関わる大人の側の養護性にもネガティブな影響を及ぼし，結果として大人が半ば意識せずに行う子どもに合わせる言動も，ASD児に対しては生じにくくなる。ASD児も関わる大人も，互いに相手に注意を向け相手に合わせる行動が生じにくい結果，情動共有経験が質量ともに十分保障されにくくなりやすい。それがTDであれば9，10カ月頃に成立するさまざまな発達的能力の形成を阻害する。

　ASD児の社会的刺激への選択的注意や他者の身になる傾性は，障害に起因するものであり，すぐに変化させることは難しい場合が少なくない。また養育者に対し，そういうASD児の行動や思いに共感して関わるように迫ることは，これも

養育者をただ追い詰めるだけになるリスクが高い。そうではなく，このような発達的プロセスがASDの症状を形成する可能性があるとすれば，情動共有経験を，養育者ではなく他の関わる大人（療育，教育，支援機関）が作り出し，そこに養育者も巻き込んでいく支援は十分可能であると考えられる。特に目の前のASD児に特有の楽しい世界を大人が苦闘しながら探し出し，それを一緒に楽しむという情動共有経験を質量ともに保障することは重要となる。そのなかで，生活年齢の高いASD児者であっても，安全基地としてのアタッチメントや共同注意，社会的参照などを可能にする実践は，教育・療育・施設・臨床の現場で，数多く作り出されている（例えば，別府（2019）において紹介）。ASD児者の固有の楽しさを見つけそれを実際に作り出し保障することは，障害と子ども理解の高度な専門性を要求する。他者に情動的に共感される経験が発達において果たす役割の大きさが，そこに示されている。

2　ASDの早期発見

　近年のASDの早期発見に関する研究は，ASDの症状が生得的あるいは特定の時期に出現するものではなく，発達のなかで漸次形成されるところにこそあると主張する。Ozonoff et al.（2018）は，生後6カ月から前向きの縦断的研究を行った。そのなかで，呼名反応などの社会性能力を見ると，生後6カ月時点ではASD群（後にASDの診断を受けた群）とTD群（後にASDの診断を受けなかった群）の間に有意な違いはなかった。一方，社会的能力の6カ月から12か月までの発達軌跡（developmental trajectory）を見ると，ASD群でのみ徐々に退行することを明らかにした。この社会性の退行という発達軌跡により，約80％のASDを弁別可能であることが指摘された。ASDの症状が発達経過のなかで形成されることは，逆にTDのさまざまな能力や関係性が発達のなかで形成されるものであり，それを促進する要因が，ASD児者において阻害されているという，先ほ

どの考えを支持するものと推察される。

　本小論でいう，他者に情動的に共感される経験や情動共有経験は，TD 児の発達に関与する要因であり，かつ情動的に共感される経験と情動共有経験の乏しさ（質量の不足）は，ASD 児がさまざまな発達的能力を形成することの阻害要因となっている。発達における情動の役割をこういった視点から考えることは，TD 児のみならず，ASD 児の発達支援にも大きな意味をもっている。臨床実践においては，このような視点を含めた検討が求められる。

▶ 文献

綾屋紗月 編著（2018）ソーシャル・マジョリティ研究——コミュニケーション学の共同創造．金子書房．

Baron-Cohen S（1995）Mindblindness : An Essay on Autism and Theory of Mind. The MIT Press.

別府哲（2016）心の理論と非定型発達．In：子安増生，郷式徹 編：心の理論——第 2 世代へ．新曜社，pp.157-172.

別府哲（2018）情動——ユニークなスタイル：自動的処理と意識的処理．In：藤野博，東條吉邦 編：自閉スペクトラムの発達科学．新曜社，pp.47-57.

別府哲（2019）自閉スペクトラム症児者の心の理解．全障研出版部．

遠藤利彦，佐久間路子，德田治子ほか（2011）乳幼児のこころ——子育ち・子育ての発達心理学．有斐閣．

東田直樹（2014）跳びはねる思考——会話のできない自閉症の僕が考えていること．イースト・プレス．

Hobson P（1993）Autism and the Development of Mind. Hove : Lawrence Erlbaum.

蒲谷槙介（2021）調律の諸相——理論・実証・実践をめぐる近年の動向．ベビーサイエンス 21 ; 22-31.

川田学(2009)食の中の模倣過程と自他関係の形成．ベビーサイエンス 9 ; 24-44.

川田学（2011）他者の食べるレモンはいかにして酸っぱいか？——乳児期における擬似酸味反応の発達的検討．発達心理学研究 22 ; 157-167.

米田正嗣（2018）自閉スペクトラム児者同士の共感．In：藤野博，東條義邦 編：自閉スペクトラムの発達科学．新曜社，pp.168-176.

Ozonoff S et al.（2018）Onset patterns in autism : Variation across informants, methods, and timing. Autism Research 11 ; 788-797.

篠原郁子（2013）心を紡ぐ心——親による乳児の心の想像と心を理解する子どもの発達．ナカニシヤ出版．

梅田聡（2014）共感の科学．In：梅田聡 編：コミュニケーションの認知科学 2——共感．岩波書店，pp.1-29.

[特集] 発達のプリズム──神経発達から多様性の道筋をたどる

ニューロダイバーシティとはなにか？

発達支援の基礎リテラシーとして

村中直人 Naoto Muranaka

一般社団法人 子ども・青少年育成支援協会

I　ニューロダイバーシティを知っていますか？

　ニューロダイバーシティ（Neurodiversity）という言葉がある。

　この言葉はニューロ（脳・神経）とダイバーシティ（多様性）を組み合わせた造語であり，人間の脳や神経由来の多様性を尊重するメッセージが込められている。日本においても，経済産業省のWeb サイトに「ニューロダイバーシティの推進について」（経済産業省，2022）というページが作られるなど，特に発達障害者の雇用の文脈において認知が広まりつつある。しかしながらこの言葉に込められた意味や意義は，本来より広く深い。本稿では，誤解や誤用も少なからず見受けられる，ニューロダイバーシティという言葉について，特に発達支援に関わる部分を中心に解説する。

　まずは，歴史から紐解いていく。ニューロダイバーシティは1990年代後半に自閉スペクトラム成人当事者たちによって生み出され，社会運動の文脈によって育まれてきた言葉である。背景要因として重要なのはインターネットの登場である。「コミュニケーションや社会性の障害」があるとされる自閉スペクトラム者が，インターネットという新たなツールを用いることで，時間や空間を超えて同種の仲間と（おそらく多くの場合で初めて）出会うことになった。ニューロダイバーシティという言葉の事実上の生みの親と目されている，社会学者の Judy Singer 氏はその体験を次のように述べている。

　　コンピューターとインターネット，つまり孤立し，社会性を失った自閉症者を，公的な「声」を発することのできる集合的な社会組織に結びつける補装具によって，自閉症者は新しい種類のアイデンティティを精緻化しはじめたのである。　（Singer, 1998）

　重要なことは，インターネットを通じて多くの自閉スペクトラム者が「コミュニティ」や「社会的コミュニケーション」を楽しむようになったという事実である。それまで自分たち自身も，社会的コミュニケーション能力や共感能力の欠如（精神医学上の定義である）があると信じ込んでいたが，実際にはそうではなかったのだ。自閉スペクトラム者には独自のコミュニケーションスタイルや価値観があるが，同種，かつ気の合う仲間同士においてはそれは「障害」ではなかったのである。こういった体験を通じて彼／彼女たちは，自分たちが今までいかに世の多数派が作り出した「正常

（Normal）」に抑圧されてきたかに気づき始めた。そして Autistic（自閉人）としての自らのアイデンティティを形成し，社会に対して声を上げ始めた。その旗印となったのが「ニューロダイバーシティ」という言葉である。

II 発達障害のリフレーミングではない

ニューロダイバーシティという言葉が，自閉スペクトラム成人当事者によって生み出され育まれてきたことは歴史的事実であり，この概念を理解するうえで重要な視点である。しかしながら，ニューロダイバーシティは「発達障害（自閉症）の言い換え」やリフレーミングの言葉では決してない。

> この社会がニューロダイバーシティをより広く理解するようになれば，私たち（人間）全員が恩恵を受けることになると思います。ニューロユニバーサリティ（神経普遍性）の仮定は，自民族中心主義の一形態によく似ています。ある人が他の英語話者について「彼女には訛りがある」と言った場合，その人は自分の訛りこそが「正しい」ものであり，他のすべての人が評価される基準であると仮定しているのです。 (Meyerding, 1998)

これはインターネット上に残された最古のニューロダイバーシティについての記述とされる，Jane Meyerding 氏のエッセイの一部である。1998 年に書かれたとされるこのエッセイでは，ニューロダイバーシティの対義語としてニューロユニバーサリティという言葉が提示され，前者を社会に取り入れることがこの社会全体にとっての利益となると主張している。つまりニューロダイバーシティは，「発達障害」や「自閉症」を何か別の見方で捉えるための言葉ではなく，人類全体を視座に入れた人間理解のパラダイムシフトとして最初から提案されていたのだ。私なりにかみ砕いて表現するならば，人間理解の眼差しとして「人間同士は（脳・神経の働き方のレベルで）根本的

に似ていない」と「人間同士なんだから基本的には似ている」のどちらを基本発想とするのかが問われている。この社会を構築していくうえでの，根本的な人間観の問題である。

人間は一人一人違っている。

こう言われて正面から否定する人は少ないだろう。しかしながらニューロユニバーサリティな発想は，無意識のうちに私たちの日々の思考や判断に大きな影響を与えているようだ。例えば，子どもたちの教育現場で語られることの多い「自分がされて嫌なことを相手にしてはいけない」という指導。これはニューロユニバーサリティな発想に基づく指導である。なぜなら，この指導は「されて嫌なことはみんなだいたい同じ」という前提がないと成立しないからだ。私がされて嫌なことは，相手もしてほしくないはず。無意識のうちにそういう前提があるからこそ，「自分がされて嫌なことを相手にしてはいけない」という指導が有効だと考えるのだ。

別の表現をするならば，ニューロダイバーシティは人間に関する "Normal（正常，普通）" という発想へのアンチテーゼと言うこともできる。Jane Meyerding 氏はそのことを，特定の国籍，特定の民族の話す言葉が「正統」であり，そうでないものは訛りで一段劣った存在であるという考え方，つまり自民族中心主義に喩えて表現した。当然ながら，その考え方は現代社会においては否定されている。脳や神経のあり方についても同じことが言えると考えるのがニューロダイバーシティの主張である。間違ってはいけないのは「発達障害は人間の正常な変異の一つ」と主張しているわけではないことだ。実は上記のような記述がニューロダイバーシティの「定義」として流通している現実がある。しかしながら，人間に「正常な姿などない」と考えることと，「少数派だって正常」と正常の範囲を広げようとする考え方は根本的に異なっている。前者は人間理解のパラダイムシフトと言っても過言ではないだろう。

III 「平均人」へのアンチテーゼ

このパラダイムシフトは発達支援，ひいては発達の理解についても強い影響を及ぼす。具体的には，「定型発達」および「正常な発達」とは何かについて，私たちに問い直しを迫っている。現在優勢な発達に関する考え方は，子どもたちの発達の平均を算出して描き出される「平均児（あらゆる面で平均的な発達をする子ども）」を，すなわち正常な発達の中核だと考える発想であろう。この発想においては「平均児」の姿を基準に，それよりも大きく遅れていれば障害，進んでいれば特別な才能の持ち主とみなす。それゆえ，子育て中の保護者はわが子を平均と比較して一喜一憂し，劣った点があれば「せめて平均くらいには育ってほしい」と願うことになる。

現代社会を生きる私たちには自明の理とも思える発想だが，実はその歴史は浅い。平均を人間に適応し，「平均人」という概念を生み出したのは「近代統計学の父」とも呼ばれる 19 世紀の統計学者 Adolphe Quételet（1796〜1874）である。Quételet は平均人に単なる平均の集合体以上の意味を見出し，人間の理想像の雛形として考えたことが知られている。それゆえ，平均から離れた人間の姿を欠陥だとみなした。Quételet の考え方は，平均からの遅れを「障害」とみなす現在の考え方にも引き継がれている。また，後の優生思想に繋がる発想として批判があることも見逃せない。

「平均人」にどのような意味を見出すかは別にしても，この歴史的事実が教えてくれるのは，「正常な発達」という発想には，わずか 200 年程度の歴史しか存在しないことである。なぜならば，平均こそが「正常」の生みの親だからだ。正常か異常かを判定するためには基準が必要であり，その基準こそが平均である。先に紹介した Judy Singer 氏はこう述べている。

　我々が想像するような普遍的な概念とはほど遠く，「正常（ノーマル）」という言葉が英語になった

のは 1840 年のことである。それ以前は，その意味に最も近いのは古典的な「理想」の概念であった。（中略）障害理論家は，現在私たちが「普通」と呼んでいるものは，実はほとんど達成されていない理想であることを繰り返し強調している。　（Singer, 1998）

ここで重要な指摘は，「平均人」はほとんど存在しない幻想であるという点だろう。確かに発達の一つの要素だけをみるならば，平均周辺の該当者が最も多い。しかしながら，あらゆる面において平均的な人はほとんどいない。このことを端的に教えてくれる有名な逸話がある。1940 年代の米国で，15,000 人にも上る若い成人身体データの平均値から，典型的かつ「理想的」な女性像として「ノーマ」という名の彫刻が作成された。その後ノーマに最も近い女性を選ぶためのコンテストが開かれ，平均的プロポーションを自認する 3,000 名超もの応募があったという。イベントの主催者や審査員たちは数ミリ，もしくはコンマ数ミリ単位の激戦を予想したが，結果は予想を大きく裏切るものであった。審査対象となる 9 つの部位全てにおいて平均の範囲内で収まる女性は一人もいなかったのだ。

このことは発達の支援に携わる人ならば，実感があるのではないだろうか。どんな子どもと接していても，どこかに「平均域の外」にある特徴，特性を持っている。比較的，分散が小さいと考えられる身体データですら「ノーマ」は存在しなかった。より分散が大きいであろう脳や神経の働き方に基づく発達の特性ならば，なおさらである。「平均人」はほぼ存在しない幻想である。その平均人を「正常」のど真ん中に据えることにどんな意味があるのかと，ニューロダイバーシティは私たちに問うている。

IV 多数派が逆転した世界

平均の集合を「正常」と仮定する発想は，母集団が変われば「正常な姿が変化する」ことを意味している。つまり，正常という概念はあくまで相

対的なものなのだ。このことをより具体的に理解するために，私が「多数派入れ替え発想」と呼んでいる思考実験を紹介したい。それは例えば，自閉スペクトラム者が圧倒的多数（人口の99％）である惑星を仮定することである。もう少し正確に記述するならば，物理的環境と全般的な知的能力（IQ）の分布は今の地球と全く同じで，自閉スペクトラムの特性がほぼ全員にある社会の仮定だ。便宜上，その惑星のことを本稿では自閉世界と呼ぶ。平均の集合が「定型」であり「正常」だとするならば，自閉世界において「定型発達」「正常な発達」とされる人物は，地球において典型的な「自閉スペクトラム症」とされる人ということになる。

さらに重要なのは，自閉世界において「社会性の障害」「共感能力の欠如」があると評価されるのは，地球における定型発達者である可能性が高いことだ。そう言われてにわかに信じがたいと思われる読者もおられるだろう。入れ替わったところで，コミュニケーション（共感）能力の低い多数派と，コミュニケーション（共感）能力の高い少数派の社会になるだけだと考えるかもしれない。しかしながらそうはならないことを示唆する興味深い研究報告（Crompton et al., 2020）がある。研究では，「自閉スペクトラム者のみ」「非自閉スペクトラム者のみ」「半数ずつの混合グループ」という3つのグループを作って，いわゆる伝言ゲームを実施した。その後，伝達された情報の精度とグループ間に発生したラポール（信頼や親密さ）の程度で，グループ内で起きたコミュニケーションを評価した。結果は，混合グループのみが情報の精度とラポールの両方が低いというものだった。逆に言うと「自閉スペクトラム者のみ」「非自閉スペクトラム者のみ」の間に成績の有意差はなかった。つまりどちらもコミュニケーションが円滑で，相互に好感を得るコミュニティを形成したのだ。この結果が示唆しているのは，自閉世界において圧倒的に少数派である地球の定型発達者は，多数派である自閉スペクトラム者とのコミュ

ニケーションに困難を感じる可能性が極めて高いということだ。

こういった視点は近年，「二重共感問題」として議論されている。Milton は以下のように述べている。

二重共感問題とは，もって生まれた見解や個人的な概念理解が異なる人々の間で，意味を伝えようとする際に生じる「自然な態度」の食い違いを意味する。ある意味では，2人ともが経験する「二重の問題」であり，1人の人間の中にある単一の問題ではない。
（Milton, 2012）

「社会性の障害」は個人の内側に存在するものではなく，どんな特性の持ち主がマジョリティであるかに依存する相対的な問題と捉えるべきであることがわかるだろう。逆に言うと，「定型発達者」がコミュニケーション能力が高いと自認できるのは，自分たちがマジョリティであるという点によって支えられていることになる。

ここまでを読んで，自閉世界など実際にはありえないから意味がない机上の空論だと思う人もいるかもしれない。しかしながら，ニューロダイバーシティという概念はまさに，インターネット上に小さな自閉世界を作り上げた人たちによる主張であることを忘れてはいけない。局地的な現象で考えるならば，マジョリティが逆転した世界は容易に誕生し得る。重要なことは，多数派が入れ替わることによって「誰が障害者」なのかが変わるという，厳然たる事実である。ゆえに目指すべきは，誰がマイノリティになったとしても「障害」が起こりにくい社会であろう。

Ⅴ　ニューロダイバーシティと科学

本稿の最後に，科学，特に基礎科学とニューロダイバーシティについても述べる。近年，遅ればせながらではあるが，ニューロダイバーシティやニューロダイバーシティ的な視点を重視する研究が発表され始めている。それは，自閉スペクトラ

ムをはじめとする発達障害を単なる能力の欠如・欠損として捉えるのではなく，よりフラットに「違い」を理解しようとする眼差しである。例えば Pellicano らは「自閉症科学における『通常の科学』から『ニューロダイバーシティ』への転換」というレビュー論文において以下のように述べている。

> 今，私たちは自閉症科学の分野で転換期を迎えている。従来の医学的な概念は，これまで自閉症の研究と実践において重要な役割を果たしてきた。しかし，自閉症者や幅広い自閉症コミュニティの利益のために前進したいのであれば，基本的な部分を再評価する必要があることが次第に明らかになっている。
> （Pellicano & Houting, 2021）

この論文では，従来の研究が「欠損」に重点を置きすぎてきたことを批判し，平均からのズレがそのまま「障害の原因となる欠損」だと考えるバイアスからの脱却を主張している。単に批判するだけではなく，このレビューの著者は，かつて自らがこのバイアスに自ら陥っていたことを懺悔している。非常に感銘を受けたので紹介したい。

著者は，自閉症児がどの程度，知覚的後遺症（刺激に長時間さらされた後に主観的な知覚経験が変化すること）の影響を受けやすいかを調べる研究をした。その結果，自閉症児が，同年齢・同能力の非自閉症児に比べて，顔に対する知覚的残効（perceptual aftereffects）が有意に減少することを見出した。知覚的残効とは，直前に見た情報が現在見ているものの知覚に変化を与えることを指す。つまり残効が少ないということは，それだけ物理的情報を正確に知覚していることになる。しかしながら著者は，知覚的残効の現象をあたかも機能障害の兆候であるかのように報告したのだ。より公平な視点で考えるならば，それは自閉症児の優れた点として報告すべきであったと，著者は述べている。

日本における自閉症基礎研究の第一人者である

千住淳も，以下のように述べている。

> 自閉症などの発達障害を対象とした基礎研究においても，「障害」や「治療」のみに焦点を当てた研究から，当事者の強み・弱みを価値判断なしに同定し個人の脳機能の特徴にあった生活の質を高める方略につながるような研究が求められている。
> （千住，2022）

紙幅の都合上，一つだけ近年の知見を紹介したい。それは「自閉的定型発達」とでも呼ぶべき発達の軌跡が存在する可能性の指摘（Mottron et al., 2021）である。発達の軌跡には複数の経路があり得，それらは少数派であるかもしれないが遅れや障害とみなすことに馴染まないという議論である。Leadbitter et al.（2021）は自閉症の早期介入において「自閉症の診断を規定する行動の軽減に焦点を当てることは，これらの行動が異なる神経学の基礎にある結果であり，その行動を妨げることは，子どもの自然な対処戦略や発達を損なう可能性があることを考慮していない」と述べている。

注目すべきは，これらの知見が神経科学や認知科学をベースとした基礎研究者から提案されていることだ。ニューロダイバーシティが提唱された1990年代後半，ニューロダイバーシティはあくまで社会運動の文脈においてのみ使用される言葉であった。しかしながらそこから20年以上の時が流れ，いまや科学的な知見においてもニューロダイバーシティ・パラダイムを支持する提案がなされ始めている。社会運動と科学的な知見の融合は，今後のニューロダイバーシティを考えるうえで重要になるだろう。

発達障害とカテゴライズされる少数派の子どもたちだけではなく，すべての子どもを見つめる眼差しをアップデートする意味で，発達支援に携わる方にニューロダイバーシティ・パラダイムが広く浸透することを切に願っている。

▶ 文献

Crompton CJ, Ropar D, Evans-Williams CVM et al.（2020）Autistic peer-to-peer information transfer is highly effective. Autism 24-7 ; 1704-1712.

経済産業省（2022）ニューロダイバーシティの推進について（https://www.meti.go.jp/policy/economy/jinzai/diversity/neurodiversity/neurodiversity.html［2023 年 7 月 1 日閲覧］）

Leadbitter K, Buckle KL, Ellis C et al.（2021）Autistic self-advocacy and the neurodiversity movement : Implications for autism early intervention research and practice. Frontiers in Psychology 12 ; 635-690.

Meyerding J（1998）Thoughts on finding myself differently brained.（https://pages.uoregon.edu/eherman/teaching/texts/Meyerding% 20Thoughts% 20on% 20Finding% 20Myself% 20Differently% 20Brained.pdf［2023 年 7 月 1 日閲覧］）

Milton DE（2012）On the ontological status of autism : The 'double empathy problem.' Disability & Society 27 ; 883-887.

Mottron L, Ostrolenk A & Gagnon D（2021）In prototypical autism, the genetic ability to learn language is triggered by structured information, not only by exposure to oral language. Genes 12-8 ; 1112.

Pellicano E & Houting JE（2021）Annual research review : Shifting from 'normal science' to neurodiversity in autism science. Journal of Child Psychology and Psychiatry 63-4 ; 381-396.

トッド・ローズ［小坂恵理 訳］（2017）平均思考は捨てなさい――出る杭を伸ばす個の科学．早川書房．

千住淳（2022）脳機能の多様性――発達障がいの認知神経科学を取り巻く倫理的・社会的問題．子どものこころと脳の発達 13-1 ; 11-17.

Singer J（1998）Odd people in : The birth of community amongst people on the "autistic spectrum" : A personal exploration of a new social movement based on neurological diversity. Bachelor's thesis, University of Technology Sydney, Faculty of Humanities and Social Science.

[特集] 発達のプリズム──神経発達から多様性の道筋をたどる

発達支援における包括的アセスメント

黒田美保 Miho Kuroda

田園調布学園大学

I　発達支援におけるアセスメントの重要性

生命体は多様であり，生物としてのヒトも多様である。当然ながら，ヒトの発達にも多様性がある。発達障害を発達の多様性の視点から考えると，その特性は長所にも短所にもなるものであり，その特性の活かし方を考える第一歩がアセスメントといえよう。DSM-5 では，発達障害の特性はスペクトラム（連続体）でとらえられており，診断がつく閾から一般的な発達にまでその特性は繋がっていくものである。診断閾下といわれる診断がつかない人（いわゆるグレーゾーン）でも，程度の差はあれ発達障害の特性があり，診断にまで至らないが，なんらかの支援ニーズのある人は多い。ヒトの多様性に対応した適切な育ちの支援のために，その特徴を的確に捉え発達支援の目標と方法を考える上で，アセスメントは必須と言える。

発達障害の症状も実は多様であり，主症状は共通であっても，その程度や表現型は多様である。同時に，家族を含む彼らを取り巻く環境も多様でその影響も大きい。したがってニーズもさまざまである。個々人に合った支援をするためには，それらをきちんとアセスメントして，ニーズに応じた個別の支援を構築する必要がある。適切なアセスメントが実施され適切なフィードバックが行われれば，発達障害やその特性のある子どもや成人本人が自分の特性を理解して，それに応じた生活の工夫をすることも可能になる。また，親，教育機関，職場といった周囲もその特性に合った関わりや環境調整をすることが可能となる。

II　発達障害のアセスメント

ここで，発達障害について考えてみたい。2013 年 5 月に改訂されたアメリカの精神医学会が定める診断基準の DSM-5 では，「神経発達症群（neurodevelopmental disorders）」というグループが作られた。一般的に発達障害と言われるが，診断用語としては「神経発達症群」を用いるようになり，神経発達症群には ASD 以外に，知的能力障害群（intellectual disabilities：ID），コミュニケーション症群（communication disorders），注意欠如・多動症（attention-deficit/hyperactivity disorder：ADHD），限局性学習症（specific learning disorder：SLD），運動症群（motor disorders）が含まれている。これらの障害は重複して存在することが珍しくない。また，前述したように，障害と非障害の間の線引きも曖昧なものとされ，症状をスペクトラムとしてとら

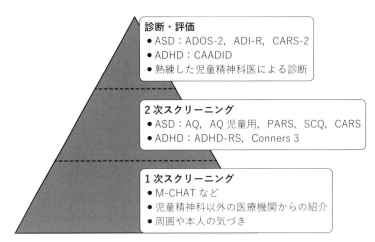

図1　発達障害のアセスメントの階層（黒田（2013）より改変）

える。さらに，個人の症状は固定的ではなく流動的で多様性がある。それは，診断閾下の人も環境によっては適応困難となり障害になりうるということである。こうしたことから，診断基準のDSM-5では，適応という概念が重要視され，日常生活に適応していれば特徴があっても診断を下さないこととしている。

　発達障害の特徴を調べるアセスメントに関しては，「スクリーニング」「診断・評価」に分けて考えると，整理しやすい（図1）。対象の特性を詳しく見るためには，診断・評価のためのアセスメントをする必要がある。スクリーニングとは，何らかの障害や問題を抱えている可能性がある人を発見するためのアプローチである。スクリーニングの結果がそのまま診断となるわけではなく，診断にはさらに詳細な診断・評価のためのアセスメントが必要である。スクリーニングには，1次スクリーニングと2次スクリーニングの2種類がある。1次スクリーニングとは，リスクのほとんどない一般母集団において，何らかの問題のある対象を同定するものである。乳幼児健診のような地域で悉皆的に実施される1次スクリーニングは特に重要である。一方，2次スクリーニングは，発達障害のリスクの高い群を対象とするもので，1次スクリーニングで発達障害の特徴があると判断されたケースや療育・医療・福祉機関などにす

でにかかっているリスクの高いケースを対象に，ASD，ADHDなどの弁別をするための検査ということになる。ただ，どのようなスクリーニングにおいても，偽陰性が生じる可能性はあり，結果がカットオフ値を下回っていても，発達障害の可能性は完全には否定されないことに注意が必要である。その後，時間をかけて個々の特性をきめ細やかにみていくのが診断・評価のアセスメントである。

　ASDとADHDのスクリーニング検査と診断・評価の検査について見ていく。ASDでは早期介入により，社会性などの改善が見られるという複数の報告があり，近年ますます早期発見・早期支援の必要性に対する認識が高まってきている。**乳幼児期自閉症チェックリスト修正版（Modified Checklist for Autism in Toddlers：M-CHAT）**は，対象を16～30カ月とし，養育者を回答者とする他者記入式質問紙となっている。全23項目から構成され，二肢選択で回答し所要時間は約5分である。標準的な手続きは，子どもの発達の個人差を考慮し，質問紙への回答と1～2カ月後の電話面接の2段階となっている。M-CHATの主要な構成項目は，共同注，模倣，対人的関心，遊びなどの非言語性の対人コミュニケーション行動である（Robins et al., 2001）。**自閉症スペクトラム指数（Autism-Spectrum Quotient：AQ）**は，16歳

以上の知的障害のない者を対象とする自記式質問紙で，回答時間は約 15 分である。構成は，ASD を特徴づける症状の 5 つの領域，「社会的スキル」「注意の切り替え」「細部への注意」「コミュニケーション」「想像力」について各 10 問からなる下位尺度があり，全体で 50 項目となっている（Baron-Cohen et al., 2001）。**親面接式自閉スペクトラム症評定尺度テキスト改訂版**（Parent-interview ASD Rating Scale-Text Revision : PARS-TR）は，養育者に対して専門家が半構造化面接をして評定を行う。PARS-TR には幅広い年齢帯をカバーするために就学前（幼児期），小学生（児童期），中学生以上（思春期・成人期）という 3 つの年齢帯に対応した質問が用意され，全 57 項目で構成されている。また，各年齢帯への短縮版もあって，ASD の中核的症状と関連する各 12 項目による短時間での評定が可能で，一般精神科，小児科，療育機関や福祉施設などの臨床の場で使いやすい（発達障害支援のための評価研究会，2013）。

　ASD の診断用検査のゴールド・スタンダードとされるのは，**自閉症診断面接尺度改訂版**（Autism Diagnostic Interview-Revised : ADI-R）と**自閉症診断観察尺度第 2 版**（Autism Diagnostic Observation Schedule Second Edition : ADOS-2）である（Lord et al., 1994, 2008）。この 2 つの検査は，米国の Lord や英国の Rutter など著名な心理学者・児童精神科医のグループによって，診断の妥当性を担保するために研究用に開発されてきたものだが，もちろん対人コミュニケーションやこだわりの様子を詳細にみることから，臨床的にもきわめて有用である。診断に必要となる患者の情報を系統的かつ効率的に収集でき，アルゴリズムを使って診断分類ができるため，熟練した精神科医でなくとも高い精度の診断を実現できるというメリットがある。ADI-R は，ASD 児・者の養育者を被面接者とし，対象者の乳幼児から現在の行動までを詳細に聞いていく検査である。ADOS-2 は，ASD 児・者本人を対象とする行動観察によるアセスメントで，現在の相互的対人関係と意思

伝達能力，常同行動と限局された興味を把握できる。すなわち，ADI-R は「過去の行動特性」から，ADOS-2 は「現在の行動特性」から診断に必要な情報を収集でき，両者は相補的役割を果たしているといえる。

　ADHD の特徴を調べる検査として，**ADHD-Rating Scale（ADHD-RS）-IV** は，幼児から高校生くらいまでを対象とした，親や教師などによる他者評価質問紙である。家庭版と学校版があり，2 カ所での行動を別々の評価者が評価する。過去 6 カ月を振り返って評価し，不注意 9 項目，多動・衝動性 9 項目の計 18 項目で構成されている（DuPaul et al., 1998）。**ADHD Self-Report Scale（ASRS）**は 18 歳以上を対象とした自己評価質問紙である。世界保健機関（WHO）で作成されたもので，6 項目からなり，評価時間は約 5 分であり，簡便で使いやすい。より詳しく成人期の ADHD を調べる検査として，**Conners' Adult ADHD Rating Scales（CAARS）**がある。これは 18 歳以上を対象とした ADHD 症状とその重症度を評価する質問紙である。自己記入式と観察者評価式の 2 種類からなり，複数の回答者からの情報をもとに包括的に評価を行うことができる。質問項目は各 66 問でスクリーニングや症状の経過観察に活用することもできる。フィードバックにおいて，自己評価と観察評価を比較することも有意義である。

　ADHD の診断・評価の検査：小児用としては，**Conners 3** は ADHD の症状を詳細に評価する質問紙である。「保護者用」「教師用」「本人用（8 歳以上）」の 3 つのバージョンがあり，対象年齢は，保護者および教師が評価するフォームは 6 〜 18 歳，青少年本人による自己報告では 8 〜 18 歳である。記入に要する時間は，約 30 分である。回答する場合は，子どもを最も知る保護者，教師が複数で記入することが推奨されており，過去 1 カ月間の行動について評価する。Conners 3 は，DSM-IV-TR の診断基準に対応した質問紙として開発されたが，DSM の改訂を受けて，2014

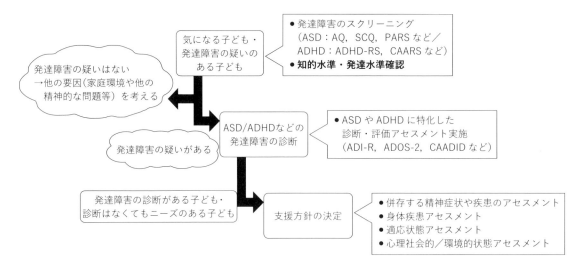

図2　発達障害の支援に必要なアセスメント（黒田（2014）より改変）

年に DSM-5 版へとリニューアルされた（日本語版は 2017 年刊行）。ADHD および ADHD と関連性の高い問題（攻撃性，学習の問題，友人／家族関係，実行機能など）を評価・特定するもので，また ADHD と共存する可能性の高い診断項目である反抗挑発症や素行症も DSM-5 の症状基準に準拠した方法で評価することができるように構成されている。さらに，ADHD と併存することの多い不安と抑うつを対象としたスクリーニング項目も設けられている。このように，Conners 3 は，ADHD の症状やその関連する問題を詳細に評価することで，支援計画の立案，実施，再評価において有用である。成人期については，18 歳以上を対象とする半構造化面接の Conner's Adult ADHD Diagnostic Interview for DSM-IV（CAADID）（Epstein & Johnson, 2002）がある。CAADID は，パートI・生活歴とパートII・診断基準に分かれており，それぞれ所要時間は 60 ～ 90 分である。パートI は，対象者の家庭・学校・職場での様子や，成育歴・既往歴などの生活歴について，「はい／いいえ」または自由記述で回答する。パートII は，成人期と小児期の両方において問題となる ADHD 症状および，ADHD のサブタイプ（不注意優勢型／多動性－衝動性優勢型／混合型）を評価できる。しかしながら，本人が回答する検査に共通することだが，本人が自分の特性に気づいていない場合，正確な評価ができないという問題もある。

III　包括的なアセスメント

　発達障害の疑いがある場合，発達障害のスクリーニングを経てよく詳しい診断・評価のテストを経て診断に至るが，支援を考える場合には，知的水準・認知特徴，適応行動，感覚，併存する精神疾患，心理社会的・環境などについても検討しなければならない（図2）。これらを調べるのが包括的なアセスメントだが，包括的なアセスメントの中で，現在の日本で重要視されすぎているのは，知的水準・認知特徴を調べる心理検査である。もちろん，発達支援をする上で知的水準や認知特徴を調べることは必須である。なぜなら，知的水準や発達水準によって行動は大きく影響を受けるからである。例えば，社会性に問題があるとしても，発達水準が低い場合には期待される社会性は低くなり，ASD の特性とは言えない場合もある。こうした発達水準や知的水準について，幼児であれば，新版K式発達検査のような領域別の指数が求められる発達検査が推奨される。児童期以降は，WISC-V 知能検査，WAIS-IV 知能検査などを用いて，全検査 IQ だけではなく主要指標得点

や合成得点などから能力間の偏りを把握することが支援上は有用である。

しかしながら，医療や教育現場では，発達障害の特性を調べるアセスメントが普及していないため，知能検査に頼りすぎたアセスメントを行っていることも散見される。発達障害の診断を受けた成人や，子どもの保護者から，「WAIS をとって ASD といわれました」「WISC の下位検査の乖離が大きいので ASD といわれました」などと聞くと，発達障害の理解度の低さに本当に嘆かわしい気持ちになる。改めてここで強調したいのは，Wechsler 系の検査では，発達障害であるかどうかの診断や判断はできないということである。この検査からわかるのは認知特性であるということを忘れてはならない。また，言語理解や言語性 IQ の高い発達障害の人も多いが，こうした知能検査は，ほとんどが言語知識を尋ねるものであり，実際のコミュニケーションの水準を測れるわけではないことを理解しておくことが重要である。実際のコミュニケーション能力は，後述する Vineland-II 適応行動尺度や ADOS-2 で見ることができる。

Ⅳ　適応行動のアセスメント

現状の適応行動の水準を把握しておくことも，支援の上では非常に重要である。知的機能と適応行動は通常，正の相関を示すが，発達障害の場合，知的水準から期待されるような適応行動は達成されないことが明らかになっている。特に ASD では，適応的スキルはその個人がもっている知的機能をかなり下回ることが多く，特に，知的障害のない高機能のスペクトラムの人でそれにあたる。最も大きな乖離は社会性スキルと IQ の間に認められる。こうした点からも適応水準を調べることが重要である。ただ，最近まで日本には広い年齢で使える標準化された適応行動を測る検査がなかった。2014 年に日本版 Vineland（ヴァインランド）-II 適応行動尺度が刊行された。これは国際的に広く使われている適応行動の尺度で，0 歳

から 92 歳までの適応行動を調べることが非常に有効な検査である（Sparrow et al., 2005）。

Vineland-II 適応行動尺度について説明すると，適応行動の「コミュニケーション」「日常生活スキル」「社会性」「運動スキル」という 4 領域と「不適応行動」で構成され，それぞれの領域に下位領域がある。その下位領域に多くの質問が用意されており，適応行動を多面的にとらえることができる。また，評定対象者の年齢によって実施しない領域および下位領域がある（表1）。「運動スキル領域」は，評価対象者が 7 歳未満と 50 歳以上の場合に実施する。下位領域の「読み書き」は評価対象者が 3 歳以上から，「家事」領域は 1 歳以上からそれぞれ実施可能である。問題行動を評価する「不適応行動領域」はオプションであり，3 歳以上の対象者に関して，回答者の許可を得た上で実施する。「内在化問題」「外在化問題」「その他の問題」「重要事項」という領域があり，特に強度の不適応行動について評価する「重要事項」では，その強度に関しても重度，中等度の評定を行う。不適応行動の項目によって，青年期以降に顕在化する二次障害などの問題を把握することも可能である。

Vinland-II の適応行動総合点は Wechsler 知能検査の IQ と同じシステムで算出されており，IQ との比較ができる。したがって，適応行動総合点は「Wechsler － 知能検査」と同じで平均値 100，標準偏差 15 である。各領域も同じである。下位領域では平均値 15，標準偏差 3 の v－評価点が得られる。不適応行動についても，それぞれの領域で平均値 15，標準偏差 3 の v－評価点が得られる。前述したように，発達障害，特に ASD や ADHD では，知能水準から期待される適応行動の水準を大幅に下回ることが多いため，IQ と比較できることには大きなメリットがある。

Ⅴ　まとめ

発達障害であれ，精神疾患であれ，身体的な障害であれ，支援の最終目標は，当事者の日常生活

表1　Vineland-II 適応行動尺度の領域と下位領域（黒田（2015c）より改変）

セクション	領域	下位領域	項目数	対象年齢
適応行動	コミュニケーション	受容言語	20	0歳〜
		表出言語	54	0歳〜
		読み書き	25	3歳〜
	日常生活スキル	身辺自立	43	0歳〜
		家事	24	1歳〜
		地域生活	44	1歳〜
	社会性	対人関係	38	0歳〜
		遊びと余暇	31	0歳〜
		コーピング	30	1歳〜
	運動スキル	粗大運動	40	0〜6歳, 50歳〜
		微細運動	36	0〜6歳, 50歳〜
不適応行動	不適応行動	内在化	11	3歳〜
		外在化	10	3歳〜
		その他	15	3歳〜
		重要事項	14	3歳〜

における充実感や満足感を最大限に高め，そして幸福感を持てることではないだろうか？　そう考えた時，日常生活を適応的に過ごせているかどうかは，支援において最も重要視すべき観点だと考えられる。WHO による国際生活機能分類（ICF）においても，障害のマネージメントは，個人のよりよい適応と行動変容を目標とすると定義されており，近年，個人の生活の質（QOL）を考える上で，「適応」は最も重要な概念と位置づけられている。現在は障害ごとの支援方法が考えられているが，適応行動という視点から支援を組み立てていくと，障害種ごとに支援を考える必要はないのかもしれない。身につけると暮らしやすくなる行動目標を検査から見出して，それを身につけるためにどのような方法があるのかを考えることによって，自ずと支援の目標とその方法は決まってくる。

▶文献

Baron-Cohen S, Wheelwright S, Skinner R et al. (2001) The autism-spectrum quotient (AQ): Evidence from Asperger syndrome/high-functioning autism, males and females, scientists and mathematicians. Journal of Autism and Developmental Disorders 31-1; 5-17.

Conners CK (2008) Conners. Third Edition (Conners 3). Los Angeles, CA: Western Psychological Services.

Conners CK, Epstein J & Johnson D (2004) Conners Adult ADHD Diagnostic Interview for DSM-IV. Toronto. Multi Health Systems.

DuPaul GJ, Power TJ, Anastopoulos AD et al. (1998) ADHD Rating Scale IV: Checklists, Norms, and Clinical Interpretation. New York, NY: Guilford.

Epstein J & Johnson D (2002) Conners' Adult ADHD Diagnostic Interview for DSM-IV™ (CAADID): Technical Manual. New York, NY: MHS.

発達障害支援のための評価研究会 (2013) PARS-TR（親面接式自閉スペクトラム症評定尺度テキスト改訂版）. スペクトラム出版.

黒田美保 (2013) 発達障害の特性把握のためのアセスメント. 臨床心理学 13-4; 473-478.

黒田美保 (2014) 自閉症スペクトラム障害の新しい発達障害の見方─心理学的見方から. 心理学ワールド 67; 9-12.

黒田美保 (2015) 知的機能と適応行動のアンバランス. In：萩原拓 編著：発達障害のある子の自立に向けた支援─小・中学生の時期に，本当に必要な支援とは？. 金子書房.

Lord C, Rutter M, DiLavore PC et al. (2008) Autism Diagnostic Observation Schedule: ADOS Manual. Los Angeles, CA: Western Psychological Services.

Lord C, Rutter M & Le Couteur A (1994) Autism Diagnostic Interview-Revised: A revised version of a diagnostic interview for caregivers of individuals with possible pervasive developmental disorders. Journal of Autism and Developmental Disorders 24-5 ; 659-685.

Robins DL, Fein D, Barton ML et al.（2001）The Modified Checklist for Autism in Toddlers : An initial study investigating the early detection of autism and pervasive developmental disorders. Journal of Autism and Developmental Disorders 31-2 ; 131-144.

Sparrow SS, Balla DA & Cicchetti DV（2005）Vineland-II Adaptive Behavior Scales. Washington DC : AGS Publishing.

告 知 ‥‥‥ 国際力動的心理療法学会 第27回年次大会

日時：2023年11月3日（祝・金）～5日（日）

会場：大妻女子大学 千代田キャンパス（東京都千代田区三番町12番地／最寄駅：市ヶ谷駅，半蔵門駅，九段下駅 徒歩約5～10分）

会長：花井俊紀（PAS心理教育研究所・吉祥寺心理教育研究所・大妻女子大学非常勤講師）

大会テーマ：力動心理学における意志

内容：Seth Aronson Psy.D.（ウィリアム・アランソン・ホワイト研究所ファカルティ）：Edward Pinney記念講演「世代を渡す橋──スラブソンからシャイドリンガーへ，そして今日へ」／Ralph Mora Ph.D.（個人開業／メリーランド大学教授）：大会基調講演「"我慢できないんだ，依存症なんだ"──真か偽か？」／村山正治（九州大学名誉教授・東亜大学客員教授）：教育講演「私のカウンセラー修行」／村山尚子（心理教育研究所赤坂主宰）：訓練ワークショップ／牛島定信（市ヶ谷ひもろぎクリニック）：大会ワークショップ，事例スーパーヴィジョン／小谷英文（学会理事長・PAS心理教育研究所理事長）：大会ワークショップ「事例性と疾病性──事例性成立に向けての面接展開」，訓練ワークショップ「その時どうする──量子力学的介入分析法」，全体ケースセミナーほか。

◉**連絡先**：国際力動的心理療法学会第27回年次大会事務局（事務局長：山下由紀子）／E-mail：office27@27annual.iadp.info／大会ウェブサイト：http://www.27annual.iadp.info

[特集] 発達のプリズム──神経発達から多様性の道筋をたどる

脳の多様性を映しだす自己世界

改めてなぜ「みんな水の中」なのか

横道 誠 Makoto Yokomichi

京都府立大学

筆者初の単著単行本『みんな水の中──「発達障害」自助グループの文学研究者はどんな世界に棲んでいるか』（横道, 2021）は，その書名が示すとおり，筆者が水中世界に生きているような体験世界を保有していることを示したものだ。刊行後，精神疾患の当事者から「わかる気がする！」という声も多く寄せられたが，当事者たち，その家族，支援者たちからの「ぜんぜんわからない」という意見も同様に多く聞いたり見たりした。そこで本稿では，この「みんな水の中」という体験世界の構成要素を改めて整理しておきたい。

I　自閉スペクトラム症

1　コミュニケーションあるいは認知の特性

筆者は自閉スペクトラム症（ASD）を診断されている。この精神疾患の診断基準を DSM-5 で確認すると，次のように書かれている。

複数の状況で社会的コミュニケーションおよび対人的相互反応における持続的な欠陥があり，現時点または病歴によって，以下により明らかになる(略)。
(1) 相互の対人的－情緒的関係の欠落で，例えば，対人的に異常な近づき方や通常の会話のやりとりのできないことといったものから，興味，情動，または感情を共有することの少なさ，社会的相互反応を開始したり応じたりすることができないことに及ぶ。
(2) 対人的相互反応で非言語的コミュニケーション行動を用いることの欠陥，例えば，統合のよくない言語的，非言語的コミュニケーションから視線を合わせることと身振りの異常，または身振りの理解やその使用の欠陥，顔の表情や非言語的コミュニケーションの完全な欠陥に及ぶ。
(3) 人間関係を発展させ，維持し，それを理解することの欠陥で，例えば，さまざまな社会的状況に合った行動に調整することの困難さから，想像上の遊びを他者と一緒にしたり友人を作ることの困難さ，または仲間に対する興味の欠如に及ぶ。

(APA, 2014, p.49)

これらのコミュニケーションあるいは対人相互反応での「障害」は筆者に明瞭に現れている。ここから他者あるいは周囲の世界とのあいだに断絶感が生まれ，それが水中世界のイメージを生む一因となっている。

なお村中直人は『ニューロダイバーシティの教科書』で，自閉スペクトラム症者が定型発達者（＝非発達障害者）に比べて，人よりも物に惹かれやすいことを認知科学の実験をもとに指摘している

（村中，2020，pp.53-66）。この認知世界の断絶によって，自閉スペクトラム症者と定型発達者の断絶が起きていると考えられ，かつてのように自閉スペクトラム症者の側にのみ「コミュニケーションの障害」を見てとる考えはもはや古い。自閉スペクトラム症者が定型発達者に共感できないのではなく，双方が互いに共感できないという「二重共感問題」が原因だという説がDamian Miltonによって提唱され（Milton, 2012），支持を広げている。

2　情報処理の遅延

　綾屋紗月は『発達障害当事者研究』で，「自閉」を独自に定義している。

　　身体内外からの情報を絞り込み，意味や行動にまとめあげるのがゆっくりな状態。／また，一度できた意味や行動のまとめあげパターンも容易にほどけやすい。
　　　　　　　　　　　　　（綾屋・熊谷，2008, p.76）

　自閉スペクトラム症の中核特性を処理速度の遅延に見るこの見解は，処理速度に優れた自閉スペクトラム症者も多数いることに鑑みると，さまざまな異論を呼ぶかもしれない。しかし，処理速度に優れた自閉スペクトラム症者と言える筆者も，とくに音声に関しては処理速度が標準より遅れる。小渕千絵によると，聴覚情報処理障害（APD）を訴えた成人の40%が注意欠如・多動症（ADHD）か注意欠如症（ADD）を，31%が自閉スペクトラム症を診断されていたという（小渕，2015，p.303）。筆者の場合は，自閉スペクトラム症と注意欠如・多動症の両方を診断されている。

　筆者は，多数の人が理解できる速度では音声を処理できず，また多数の人が気にならない程度の「微音」でも，騒音と感じて心をざわめかせてしまう。周囲の世界は，まるで海辺のように波打っている。ここにも，水中世界のイメージは由来しているだろう。

3　こだわり

　DSM-5には，自閉スペクトラム症の診断基準として，特有のこだわりも特筆されている。

　　行動，興味，または活動の限定された反復的な様式で，現在または病歴によって，以下の少なくとも2つにより明らかになる（略）。
　（1）常同的または反復的な身体の運動，物の使用，または会話（例：おもちゃを一列に並べたり物を叩いたりするなどの単調な常同運動，反響言語，独特な言い回し）
　（2）同一性への固執，習慣への頑なこだわり，または言語的，非言語的な儀式的な行動様式（例：小さな変化に対する極度の苦痛，移行することの困難さ，柔軟性に欠ける思考様式，儀式のようなあいさつの習慣，毎日同じ道順をたどったり，同じ食物を食べたりすることへの要求）
　（3）強度または対象において異常なほど，きわめて限定され執着する興味（例：一般的ではない対象への強い愛着または没頭，過度に限局したまたは固執した興味）
　（4）感覚刺激に対する過敏さまたは鈍感さ，または環境の感覚的側面に対する並外れた興味（例：痛みや体温に無関心のように見える，特定の音または触感に逆の反応をする，対象を過度に嗅いだり触れたりする，光または動きを見ることに熱中する）
　　　　　　　　　　　　　　　（APA, 2014, p.49）

　筆者には，ここに挙げられたこだわりのほとんどが備わっている。各種のこだわりのなかでも，色への執着はことさら強い。好みの色があるのは定型発達者でも変わりないが，筆者の場合には，「水色の商品だから購入する」「執筆は群青色の文字で行う」など，青い色彩をつねに身近にしていなくては安心できないほどだ。結果として，自宅では青系統の品物を眼にできる空間が広がり，外を歩けば，晴れている際は青空を見あげながら歩く。持ち物の青や空の青から水中の青が連想されて，周囲を水中世界と感じる想念を強化しているのだ。晴れの日だけでなく，ひんやりした空気を楽しめる雨の日も好きなので，それも「水」への

執着を強めている。

　やや瑣末な印象を与えるかもしれないが，筆者は星座は魚座だ。魚座だから周囲の世界を水中世界と感じる，というようなスピリチュアル系の論理構造は筆者の好むところではないが，こだわりが強いということからすれば，「じぶんは魚座だ」という意識が，じぶんが水中世界に生きているという想念を強化した可能性が充分にある。

II　その他の発達障害

　先にも書いたように，筆者は注意欠如・多動症も診断されている。診断されたわけではないが，発達性協調運動症（DCD）の特性も明瞭に持っている。おとなの場合は運動音痴や不器用で困る場面が限定されているため，この発達障害が診断される人は少ないと精神科医から聞いたことがある（具体的なデータは得ていない）。DSM-5には次のように書かれている。

　　自閉スペクトラム症の多くが，この障害の診断基準の一部ではない精神症状をもっている（自閉スペクトラム症を有する人の約70％が併存する1つの精神疾患を，40％が併存する2つ以上の精神疾患をもっているかもしれない）。　　（APA, 2014, p.57）

　以下，この2つの発達障害が筆者の「みんな水の中」という体験世界に与えている影響について考えてみよう。

1　注意欠如・多動症

　注意欠如・多動症があると，思考がつねに何本も並走する現象が起こるが，これは日本の「発達界隈」（発達障害者やその家族，支援者などが集まるSNS上のクラスターや現実上のコミュニティの総称）では「脳内多動」（または「脳の多動」）と呼ばれている。

　自閉スペクトラム症を持つイギリス人の知人に，英語でこれに対応する言葉はあるだろうかと尋ねたところ，「hyperactivity かな」と回答があっ

た。それだと「多動」なので，「脳内」は表現されない。筆者が「Thought Disorder in ADHD のような言い方になるのかな？」とさらに問うと，「obsession & rumination かも」という候補を出してくれた。この2つの単語をインターネットで検索すると，最近の記事がヒットした。

　　ADHDを伴った生活では，執着したり反芻したりすること（obsessing and ruminating）がよくあります。無視しようとしても，それらの否定的な考えは戻ってきては，無限ループで再生されつづけるのです。健康でないことはわかっていますが，止めることはできないようです。　　（Main, 2022）

　複数の思考回路という説明ではないため，日本で語られる「脳内多動」とは完全に一致していないかもしれないが，思考の多重性という点でおそらく同一の現象だと思われる。いずれにしても，この「脳内多動」，あるいは「執着したり反芻したりすること」によって，思考はつねに疲労状態にあり，注意欠如・多動症者たちはぼんやりした脳の状態で生きている。この朦朧感は，明らかに水中世界の連想を呼ぶ。

2　発達性協調運動症

　DSM-5で発達性協調運動症の診断基準を確認すると，筆者の過去と現在の特性をよく説明してくれている。

　　協調運動技能の獲得や遂行が，その人の生活年齢や技能の学習および使用の機会に応じて期待されるものよりも明らかに劣っている。その困難さは，不器用（例：物を落とす，または物にぶつかる），運動技能（例：物を掴む，はさみや刃物を使う，書字，自転車に乗る，スポーツに参加する）の遂行における遅さと不正確さによって明らかになる。

　　幼い子どもでは，運動の里程標（例：座る，這う，歩く）に到達することが遅れていることがあるが，その多数が標準的な運動の里程標を達成している。彼らはまた，階段をうまく昇る，ペダルをこぐ，シャ

ツのボタンを掛ける，パズルを完成させる，および
ジッパーを使うなどの技能の発達が遅れているかも
しれない。その技能が得られている場合でも，動作
の遂行は同年代のものに比べてぎこちなく，遅く，
または正確さが足りないことがある。年長児や成人
では，パズルを組み立てる，模型を作る，球技をす
る（特にチームにおいて），書字をする，タイプを
打つ，運転する，または自己管理を行う，などの活
動の運動面において，遅く，不正確になるかもしれ
ない。　　　　　　　　　　　　（APA, 2014, p.73）

　DSM-5 によると，「発達性協調運動症と自閉ス
ペクトラム症をともに発症することはよくある」
（APA, 2014, p.76）。筆者は，この発達性協調運動
症のために，いつも体を支える姿勢を取りづらく，
ふわふわした身体感覚を保持している。多くの人
は，地上で歩いているときと，海やプールで体を
なかば水に浸しながら歩くときとでは，体のコン
トロールがかなり違っているのだろうが，筆者に
とっては，その差異があいまいだ。この身体感覚
のために，筆者は自分の周囲を水中世界と感じや
すくなる。

III　その他の精神疾患

　成人の発達障害者を対象とした日本での大規
模なアンケート調査（838 人が回答）によると，
二次的に精神疾患を負った発達障害者はじつに
73.6％に及んでいたという（内山・鈴木，2020，
pp.52-53）。筆者はいわゆる「宗教2世」としての
生育背景を持ち，子ども時代は日常的に，カルト
宗教の教義にもとづいた厳しい身体的虐待を受け
ていた。この結果として，（診断を受けたわけで
はないが）心的外傷後ストレス障害（PTSD）と
離人感・現実感消失症の症状が出ている。

1　心的外傷後ストレス障害
　心的外傷後ストレス障害について，DSM-5 の
診断基準は次のようになっている。

（1）心的外傷的出来事の反復的，不随意的，および
　　侵入的で苦痛な記憶
　　注：6 歳を超える子どもの場合，心的外傷的出来
　　事の主題または側面が表現された遊びを繰り返す
　　ことがある。
（2）夢の内容と感情またはそのいずれかが心的外傷
　　的出来事に関連している，反復的で苦痛な夢
　　注：子どもの場合，内容のはっきりしない恐ろし
　　い夢のことがある。
（3）心的外傷的出来事が再び起こっているように感
　　じる，またはそのように行動する解離症状（例：
　　フラッシュバック）（このような反応は1つの連
　　続体として生じ，非常に極端な場合は現実の状況
　　への認識を完全に喪失するという形で現れる）
　　注：子どもの場合，心的外傷に特異的な再演が遊
　　びの中で起こることがある。
（4）心的外傷的出来事の側面を象徴するまたはそれ
　　に類似する，内的または外的なきっかけに曝露さ
　　れた際の強烈なまたは遷延する心理的苦痛
（5）心的外傷的出来事の側面を象徴するまたはそれ
　　に類似する，内的または外的なきっかけに対する
　　顕著な生理学的反応　　　　　（APA, 2014, p.269）

　これらの特性も筆者には顕著に現れている。筆
者の場合は，過去の体験が毎日ひっきりなしにフ
ラッシュバックしてきており，これを「地獄行き
のタイムマシン」と名づけた。この洪水のように
押しよせる侵入的想起によって，精神状態が翻弄
され，現実感が液状化されていることが，筆者に
水中世界を感じさせている。

2　離人感・現実感消失症
　心が体から脱落し，現実と空想の境界があいま
いになる「解離」は，さまざまな精神疾患に付随
するものだが，離人感・現実感消失症も筆者にあ
ると考えられる。DSM-5 に掲載されている解説
を見てみよう。

　離人感，現実感消失，またはその両方の持続的ま
たは反復的な体験が存在する。
（1）離人感：自らの考え，感情，感覚，身体，また

は行為について，非現実，離脱，または外部の傍観者であると感じる体験（例：知覚の変化，時間感覚のゆがみ，非現実的なまたは存在しない自分，情動的および／または身体的な麻痺）。

（2）現実感消失：周囲に対して，非現実または離脱の体験（例：人または物が非現実的で，夢のような，霧がかかった，生命をもたない，または視覚的にゆがんでいる，と体験される）。

　　離人感または現実感消失の体験の間，現実検討は正常に保たれている。　　　　（APA, 2014, p.300）

　筆者の意識は，離人感と現実感消失に浸されている。青い海のなかを白いクラゲのようにして，なかば空想，なかば現実の境域を浮遊しているような空想に襲われる。これも明らかに水中世界の連想に欠かせない構成要素だろう。

IV　おわりに

　以上，自閉スペクトラム症を中心として，その他の発達障害と，発達障害と異なる精神疾患の総合作用によって，「みんな水の中」という体験世界が立ちあがっていることを要約した。拙著『みんな水の中』は，医学的なデータを提供するに留まらず，「当事者研究」の手法によって，ひとりの発達障害者の体験世界を立体的に提示した著作だということを改めて強調しておきたい。

▶文献

American Psychiatric Association 編［日本精神神経学会 日本語版用語監修，髙橋三郎，大野裕 監訳］（2014）DSM-5 精神疾患の診断・統計マニュアル．医学書院．

綾屋紗月，熊谷晋一郎（2008）発達障害当事者研究──ゆっくりていねいにつながりたい．医学書院．

Main B（2022）ADHD and obsessive thoughts : How to stop the endless analysis : How to turn your mind off and ease anxiety. Additude : Inside the ADHD Mind. July 13, 2022.（https://www.additudemag.com/adhd-and-obsessive-thoughts-too-clingy-insecure/［2023 年 8 月 1 日閲覧］）

Milton D（2012）On the ontological status of autism : The 'double empathy problem.' Disability & Society 27-6 ; 883-887.

村中直人（2020）ニューロダイバーシティの教科書──多様性尊重社会へのキーワード．金子書房．

小渕千絵（2015）聴覚情報処理障害（auditory processing disorders, APD）の評価と支援．音声言語医学 56-4 ; 301-307.

柴山雅俊（2017）解離の舞台──症状構造と治療．金剛出版．

内山登紀夫，鈴木さとみ（2020）成人の発達障害に合併する精神及び身体症状・疾患に関する研究．In：本田秀夫 研究代表者：厚生労働科学研究費補助金 障害者政策総合研究事業 発達障害の原因，疫学に関する情報のデータベース構築のための研究令和元年度 総括・分担研究報告書．

横道誠（2021）みんな水の中──「発達障害」自助グループの文学研究者はどんな世界に棲んでいるか．医学書院．

横道誠（2022a）唯が行く！──当事者研究とオープンダイアローグ奮闘記．金剛出版．

横道誠（2022b）イスタンブールで青に溺れる──発達障害者の世界周航記．文藝春秋．

横道誠（2022c）発達界隈通信──ぼくたちは障害と脳の多様性を生きてます．教育評論社．

横道誠（2022d）ある大学教員の日常と非日常──障害者モード，コロナ禍，ウクライナ侵攻．晶文社．

横道誠 編（2023a）みんなの宗教 2 世問題．晶文社．

横道誠 編著（2023b）信仰から解放されない子どもたち──＃宗教 2 世に信教の自由を．明石書店．

🐷 ［特集］発達のプリズム──神経発達から多様性の道筋をたどる

［コラム2］映画『怪物』と性の境界

宮﨑浩一 Hirokazu Miyazaki

立命館大学大学院人間科学研究科

　私に与えられたテーマは，映像作品を通じて男性がジェンダーやセクシュアリティを意識しはじめた，あるいは意識せざるを得なくなった状況を，発達との関連から書くことです。ここで紹介したい映画は，監督・是枝裕和，脚本・坂元裕二の『怪物』です（※以下，ネタバレを含みます）。

　『怪物』は2023年のカンヌ国際映画祭で脚本賞，クィア・パルムを受賞したことでも話題となっています。本稿では子どもが社会の中で「男性」として規定される成長過程において，とりわけ自身の性を形成していく第二次性徴の始まり頃を描いた作品として見たいと思います。

　男性というジェンダーやセクシュアリティに気づく状況とはどのようなことでしょうか。まずおさえておかなければならないのは，ジェンダーやセクシュアリティという概念は，男女の権力関係や異性愛中心主義に対する運動と理論化から作られてきたものだという点です。その意味で男性がジェンダーやセクシュアリティを自発的に考える必要はなかったわけですし，フェミニズムやクィア理論が既存の性規範を明らかとしてきたことの成果を受けて，男性自身が再帰的に考察できる可能性があるということです。このように考えると，男性というジェンダーやそのセクシュアリティを

最も気づかされていく瞬間を体験しているのは，規範に沿わない男性たちであると言えます。

　3部構成となっている本作は母，教師，子どもの視点で描かれていますが，母や教師といった大人が何を子どもに見ようとしているのか，その対象には麦野早織（母）の息子である湊と，その友人の星川依里がいます。

　早織は息子の湊が「豚の脳を移植した人間は？人間？　豚？」という奇怪な問いかけをするなどの，おかしな行動から，湊が学校でいじめられているのではないかと懸念を募らせていきます。滅多に帰りが遅くならない湊を探して鉄道跡地で湊の自転車を見つけると，その先にあるトンネルから「か～いぶつ，だ～れだ？」という湊の声が聞こえます。帰りの車内では湊のことを想いながら，死んだ早織の夫（湊の父）が「ただいま～って帰ってきて，普通に複雑骨折してるんだよ」と笑ったり，「お父さんに約束してるんだよ。湊が結婚して，家族を作るまでは頑張るよって」と声をかけたりします。その言葉の後，湊は自らシートベルトとドアのロックを外して走っている車から「落ち」ます。

　湊と依里の担任教師・保利は，湊がいじめにあっていると早織が訴える中，真相を探り，湊が依里

をいじめているのではないかと依里の学校での姿を見ながら考え至ります。依里の家庭訪問をすると泥酔した依里の父・清高が帰ってきて，「あれはね，化け物ですよ」「頭の中に，人間じゃなくて，豚の脳が入ってるの」という依里に対する考えを聞き言葉を失います。湊が依里をいじめている「証拠」は見つからないまま，学校では彼らに接していきます。組体操の練習をしているとき，湊が崩れてしまうと，保利は「おいおい，それでも男か」と朗らかに励まし立ち上がるのを手助けし，「先生は好きな子の結婚式に，二回出たことがあります」と笑いを誘ってみたりします。早織の訴えに校長をはじめ穏便に済ませようとする力が働く中で，保利自身はしていない暴力を認めるように迫られ，社会的にも追い詰められていきます。

　最後の第3部では，小学5年生の湊と依里の二人が実際に生きている世界を，主に湊の視点から描いています。そこで，早織や保利が見て想像し意味づけていた子どもたちとは異なることが明らかとなっていきます。彼らの関係を描写するものとしては，湊の「人には言えないから嘘ついてる。幸せになれないって，バレるから」という言葉や，依里の「男らしくないって言われるだけだよ」という超然とした言葉，また，2人が身体的に近い状況で勃起していると思われるシーンです。ですから，湊と依里，2人の関係性はカテゴリーとして認識された言葉としては描かれていませんし，そのような言語的に描写できるほど整理された認識以前の体験とみることができます。しかし，大人たちが彼らをどのように見ているか，教師や親，クラスメイトの言動，また，テレビから流れてくる言葉によって，どのように振る舞うべきかという圧力だけは日々受け取っている状況にあります。男らしさといったジェンダー規範，また普通の家族形成というヘテロセクシュアルのルールに晒されることで踏み越えてはいけない境界を繰り返し見せつけられています。彼らはどのように生きようとしていたのか，あるいはどのように生きる可能性があったのか。それは，象徴的に行く手

を塞ぐ鉄のバリケードとして表象されています。

　湯川（2015）は，性・性意識の発達を性別二元性（男女）のカテゴリの中での個人差としてみるのではなく，性を人間の諸特徴のひとつと捉え，一人ひとりの主体的な自己の中に統合されていくという発想・発達観を主眼に，性・性意識の発達を理論化する試みを提示しています。性・性意識に関わる発達理論の主要なものとして，①生物学的要因に焦点をあてる立場（biological approach），②社会・歴史・文化的要因を強調する社会化理論（socialization approach），③認知発達理論（cognitive developmental approach）を挙げ，「発達の個々の主体が，性別二元性に囚われることなく，自分の性・性意識のあり方を自身で決定し，自己の中に位置づけていくこと」（p.185）が，現実の問題を正確に捉える視点となると述べ，そのような発達論は今後の課題だとしています。

　個々の主体が性を自己の中に位置づけていく過程において，それが社会的な規範に沿う行動である場合には葛藤を抱える必要がありません。そしてそのことは，境界を知らずに済むということです。湊が嘘をつかなければならないのは境界を越えてしまうことを周囲にさとられないためのものですし，依里の諦めとも聞こえる言葉は境界を越えることを許さない力に対するものとも思えます。境界の向こう側に行く必要のある者だけがバリケードの存在を知り，その先へ行かせようとしない者たちがバリケードの中で狂騒を続けています。

　この境界のありようを問う視点がクィア理論です。菅野（2021）は「クィアとはジェンダーやセクシュアリティに関する規範性を問い直す批判的視点であり，欲望や同一化，非同一化，アイデンティティ，親密性，帰属をめぐる様態やその変容を再考するための方法なのである」と説明しています。ジェンダーや性愛関係の規範は，『怪物』の中で子どもを大切に想う気持ちに乗せられて発せられることも，クラスメイトや依里の父・清高のように力づくでも従わせようとすることもあり

ます。規範性を問い直す契機は，それに抵触する存在によってはじめて可視化されます。そのため，男性がジェンダーやセクシュアリティに「気づく」ために，男性というカテゴリーにおける規範性に対する相対的な視点が必要になります。

　ジェンダースキーマ理論や社会的学習理論のような一貫した自身のジェンダーアイデンティティを形成する過程は素朴な社会化であって，湯川が言うような主体的な位置付けとは言い難いものです。特に科学的研究によってさまざまに性差を示してきた心理学には再考を促すものではないでしょうか。現代の日本で心理学がどのように性を取り扱っているのかを示す興味深い研究があります。西尾ほか（2023）が2019〜2021年までの124本の論文を対象として，心理学研究誌においてどのように性別が取り扱われてきたのか批判的に検討した結果，多様な性に関する項目は皆無だったといいます。そして，「心理学研究が性別二元論に加担している可能性や，安易な性の取り扱いが行われてきた可能性が示唆された」と論文をまとめています。これは，心理学においてはほぼジェンダーやセクシュアリティについて気づいていないことを表していると言えます。

　早織や保利が子どもたちに提示していた性に基づく幸せやあり方は，性の発達を我々がどのように見ているかというスタンスと共通したものを表現しているように思えます。女性や性的マイノリティは自らの性について客体化されることや周辺化されることで自らの性について捉え意識化する機会が訪れます。一方で，2023年のジェンダーギャップ指数で146カ国中125位と，前年から9ランクを落とした日本が男性優位社会であるこ

とは否定できません。マジョリティとしての男性──シスジェンダーでヘテロセクシュアル，かつ，健常者──にとって，性意識を「意識化」することは余計難しいのかもしれません。マジョリティ男性として生きることが要請され，それが男性一般の発達過程を形成するとすれば，男性が自らのジェンダーやセクシュアリティに気づく必要はほとんどないとさえ言えるのかもしれません。

　『怪物』は，社会に適応している性という視点から子どもをジェンダー化していくプロセスと，突然にその視点を拒否する子どもの姿を通じて，鑑賞者を撹乱するものと思います。そこにクィア映画としての実践をみることができ，ジェンダー／セクシュアリティの境界を発見する体験ができます。

▶付記
　映画のセリフ等は小説版と決定稿を参考にしています。

▶文献
「怪物」製作委員会（2023）「怪物」パンフレット．東宝．
菅野優香（2021）クィア・シネマの歴史『パンドラの箱』にみる可視性と共時間性．In：菅野優香 編：クィア・シネマ・スタディーズ．晃洋書房，p.16.
西尾優希，李美蘭，遠藤裕乃（2023）「心理学研究」誌における「性別」の取り扱いについての予備的研究．発達心理臨床研究 29；1-13.
坂元裕二（2023）怪物．KADOKAWA.
佐野晶（2023）怪物．宝島社．
スイッチ・パブリッシング（2023）特集：『怪物』が描くもの．SWITCH 41-6.
湯川隆子（2015）「性・性意識の発達を個人差としてとらえる試み」─性別二元性からの脱却．奈良大学紀要 43；175-191.

[特集] 発達のプリズム──神経発達から多様性の道筋をたどる

発達検査と生活世界

WISC の拡がり

福永友佳子 Yukako Fukunaga

こころの臨床オフィスれんげ

　我々が知能検査によって測定するものは，知識だけではないし，空間認知だけでもなく，推理能力だけを測っているのでもない。これらは目的のための一手段に過ぎない。知能検査が測定するものはこれらよりもはるかに重要なものである。すなわち，自分の周囲の世界を理解し，世界が投げかける難題に対処する自分の高い処理能力を理解する個人の能力である。

（Wechsler, 1975）

　今日のテスティは中学2年生のAちゃん。存在感のある身体を少しもてあましたように，肩に力が少々入っているようにも感じられる様子で入室します。部屋を見回すとおずおずと着席。どうしても学校を休みがちになるようです。友達とぶつかることも多く，親にも反抗的だといいます。ただことばでのやり取り場面や授業の指示を取りこぼす場面が多く，周囲は気づいていなかったが本人は困惑も多々あるとのこと。検査を受けたいという，ご本人の意向もあってやってきました。〈今日は何時ごろ起きたんかな？　ぐっすり眠れましたか？〉「スマホで動画観てて，1時まで起きてた」〈今は眠くない？〉「大丈夫やし！」……雑談をしながら，お互いにこころの準備体操を。少し斜めに構えるこころと身体の在りよう。しか

し真摯にテストに向き合いたい意欲は，少々奥まってはいるけれど感じられます。最初の下位検査で使う積み木を眼の前に置いてテスターが説明をすると，"え？"という表情を一瞬醸してのち，緩むような安堵感がほのかに拡がっていきます。積み木という物体が"もっと難しい複雑なことをさせられる"という構えをほぐしてくれたのかなあ，日常でももしかしたらそんな風に折々に求められることに汲々として肩に力が入ってという場面もあるのか……と想像が浮かびます。

　積み木模様の実施に入ると，シンプルな課題はささっと再現。ものことを分割して感受していくことには手慣れて暮らしてきたのだろうと思わせる手さばきです。分割の線が消える場面では，小さな声で「え？」と瞬間の躊躇を見せながら，淡々と同じ作業をこなしていく様子が窺えます。頼みにしていたものがなくなったときに，きちんとそのことに気がつき，反応を持てる力がありそうな様子です。積み木が増える課題に移る場面では，〈ここで積み木が増えます〉の声に「えー？」「頭おかしくなりそ」と言いつつも受け止めています。とはいえ，数が多いのは難しそう，少し気がかりも浮かび上がるのでしょう。咳をこほんと一回。さらに課題が進んでいくと咳き込みが増えて

いきます。ですが彼女の気がかりを余所にそれも27秒で完成です。ほっとしたのも束の間，次は，土台が変化しての積み木。幻の分割線も図柄の赤で少しばかり読み解きにくく，自分の"こころの補助線"の引きにくさを感じる場面です。見本図形が現れた瞬間に「（やりとげるの）遅い方やで，たぶん……」とつぶやきます。きっと見守り手の視線への意識も，自分への小さな鼓舞も込められているのでしょう。テスターも応援団の気持ちになる場面です。身体を少しかしいで，いくつかの積み木に指を置いたまま，じっと図版に見入っています。しばし動かず頭の中はフル稼働の様相。"じっくり考えて"から慎重に動きだす人のようです。メンタルリハーサルが成ったのでしょうか，あるいは「やっぱりやってみないと」と思ったのでしょうか，彼女なりにベースになる部分のひと色の積み木をまず置いてみて，全体を見渡します。次にわかりやすい部分から組み上げる方略を使って，続きは組めましたが，どうも，その後がつながりにくかった様子。一旦作りかけたところをぽいっと諦めゼロからにして，全く違ったポイントに再構成の基点を変更。イチから再出発の形で臨みます。終わりの方の課題では頼りにしていた外の枠組みも消えてしまう場面。どう向き合うか，またもや山場です。姿勢はほぼ机に左身体で突っ伏して，でも口を一文字にして，いいしぶとさで向き合い続けています。今から起こることの全体像も見えにくい状況，自分で感じていかなきゃならない，そしてそこを基準に今の自分のすべきことを考えわけていく作業の難しさ。手がかりになることの見つけ方が今までの方略のかなり深化した応用です。しばらく"やる気は一見なさそうな仕草"を入れ込みながら，目は口元は真剣です。しかし，なんとか全体像は捉えられて，一部分とそのぐるりは形成しました。ただ，そこから拡がりません。しばらく持ち味のねばりを見せた後，かすれた小声で「わからん」と言います。できないときに「わからない」と言えるのは勇気の要ることだなあと感銘を受けつつ，"わからない"を

受け取り，次の課題に移ります。

＊

「認知能力検査の結果は，知能を構成する全体の一部を反映しているにすぎない」のですが，認知的なある程度の傾向は検査を通して浮かび上がってきます。それはマニュアルにある解析や数値によって理解するレベルだけではなく，応え方などの質的な分析・佇まいや行動観察，関与の質への検討も添えられてはじめて明確になってくるものです。同時に検査という設定の中にフラクタル図形のように出てくる，もの・こととの向き合い方，対人・対自のパターンの在りようなども浮き彫りになってきます。これらは認知能力を捉えることと同等に，重要な側面です。たとえば似たような認知力の高さ・傾向を有する人でも，生活環境で日々生じるできごとに対処する場面では，いわずもがなで異なる力の発揮具合があり，認知能力以外の生きる力・在りようの側面が大きく，そこに横たわっているからです。

＊

発達検査に携わりはじめた頃，とある小児科で出逢った母子がおられました。2歳のこどもさんに発達検査をと希望され，いつものようにお母さんのお話をまずは検査前にじっくりと伺います。当時，まだ駆け出しだったわたしは，ロールシャッハや描画などの"その人をジャストサイズに現前させてくれる"ような厚みある検査法に魅力を感じていて，まだよくは知りもしないのに「知能検査って数値で何がわかるのか……」という気持ちを何処かにもっていました。そんなわたしにそのお母さんは切実に語りました。検査を受けさせたいのは，うまく抱っこしてやれない我が子，なにか違和感が感じられる我が子に「ちゃんと出逢いたいから。ちゃんと抱っこしたいからです」と。そのことばに，まだ20代だったわたしはなにか頭を殴られたような衝撃を受けました。発達検査はお母さんにとっては"我が子と出逢う"ための

ツールであるということ，きちんと子を抱きとめられるための拡大鏡のようなものであったということ。そんなごく当たり前のことにはっとさせられたのでした。

その後も現在に至るまで小児科領域に並行しながら，精神科や鑑定他の現場でもウェクスラー式などの知能検査に携わってきましたが，テスティご本人にとっては自分自身と出会うための切実なツールであることを，いつもこころに留めながらやってきました。そうして，そういうイメージをもっているのといないのとでは，検査という現象に臨むスタンスが全く変わったように感じています。

9歳の男の子，小学4年生のBくん。ぼんやりの時間が多かったり，欲求に対して抑制が効かない，指示が入りにくいなど，周囲のおとなから見て心配多く……とのこと。この半年ほど学校を休みがちで，年長さんの頃にも「困っていても傍目には気づいてもらいにくい処があるかもしれないので少し丁寧に見守ってあげてください」と担任の先生に言われたことがあったという。元々食は細く，今も食べることにムラがある，喘息やアトピー，扁桃腺切除術の体験などが幼児期からあって，なにかと身体の育みもぎくしゃくするところがあったようです。お母さんとしては朝から晩までなにかと手がかかって，こちらがリードしていかないと彼から動きが生じない感覚が強く，でもしたくなさそうなことをさせたり指示しすぎても……と手をこまねいてきたとのことでした。

お部屋に入るまでの廊下では少し端っこの壁よりに寄る辺なく歩いていて，Bくんの身体にはまだ背骨ができあがっていないかのような風情に見受けられます。入室すると座っているのもやっとという風にふんにゃりした姿勢で，一見意欲が薄いようにも見えなくもない表情。その眼は周囲やものを見ているようで見ていないのかな？　と感じさせるまなざしです。少しこちらに注意を向けてもらいつつ，テスターははじめましての自己紹

介を。〈今日は何時に起きたの？〉と尋ねると「起きたばっかり」とひとこと。どうも対人の意欲がないわけではなさそうな声色です。〈起きたばっかりやとぼんやりしちゃうよね〉と声をかけると目は少しうろうろとしはじめます。宙を漂うまなざしは，なにかスイッチが入ったかのようにも，戸惑っているようにも見えます。〈はじめての場所は少しどきどきしちゃうかなあ〉とわたし。しかしテスターと眼が合うとしばし留まって対象（ここではテスターの眼）にじっと入りこむことは可能です。とはいえ，積み木をBくんの前に置きこれからすることの紹介をしようと試みてみますが，すぐにテストを開始して……とギアを入れるのはどうも難しそうな風情。着席していても，こころはばらけているようです。一旦テストをすることをさておき，小さな雑談をしてみます。好きだというカードゲームのお話をこしょこしょと教えてもらえました。かすれた力の薄めな小声ではじまったお話も，だんだんと自分の“好き”に対しては話しながら，こころが立ち上がってきます。声もさらにBくんらしさを帯びてくっきりしてくるかのようです。“好き”や興味のあることでないと気持ちをつないでいきにくいのだろうか，あるいはこころの立ち上がりに時間が少し必要なのかな……もしかして「今からこれをするよ」という枠組みが具体的に明確になった方が自分を発揮しやすくなるのかも，とこちらの想像が深まります。そうして今度はむしろスイッチが入るとお話にブレーキが利かない様子。ほんの数秒でトップスピードに近いこころの活躍具合です。ここまで5分ほど。テスターはここで，頃合いかもしれないと最初の下位検査に招き入れます。するとさっきまでのBくんとは別人のように，すんなりと積み木に触れて図版に目線を注ぎはじめています。前のめりに課題に取り組みはじめ，椅子に座る身体にも軸が生まれてきているのがわかります。関係が生まれるとその関係に支えられて自分を発動させやすいのか，あるいは課題が明確であるとそこに乗りやすいのか，あるいはそのどち

らでもあったり，もっと他の要素も絡むのか……
想像を拡げながら，検査は続きます。

＊

　Bくんは図形を使ったパターン認識や次がどう
なるかの抽象性を含む想像力は高い力を発揮し，
視覚的な世界では意気揚々としています。ただい
くつかの下位検査では，どうも“斜めの線”とい
う要素が絡むと読み解き（あるいは再構成）に難
しさを感じている様子が窺えました。視機能の問
題も仮定できそうですし，あるいは形態認知とし
て斜めがわかるに至るには，まだ大地に立つとい
うことの体感が発展途上ということでしょうか。
身体の内側からまるごとに，重力に対して垂直に
“立つ”という体感を経由していないと次の段階
への発展の橋渡しがうまくこなれない形になるこ
とが多いように思われます。Bくんはここからこ
ころの背骨をより育んでいく過渡期であるかもし
れないこと，そして／あるいは“他者との関係で
具体的にやることを提示される”と“こころが寄
りかかれる枠組みがある”ことに心身を支えられ，
自分をつないで発揮することができる状態のよう
にも見受けられました。こういう場合，彼にわか
りやすくて入りやすい指示を具体的に提示するこ
とで，生活のそこここでは適応的に見える行動を
取りやすく，みんなと並びやすくなるように思い
ます。その工夫はもちろん必要です。しかし同時
に，彼の内側から生まれてくるこころの背骨の育
みにも目配せしておかなければ，充分ではないよ
うにも感じられます。

　11歳のCちゃんは小学校6年生になったばか
りです。学校に行けなくなって久しく，お部屋に
籠もりがちになっています。元々お家の外の世界
では少し自分を打ち出すことに難しさがあったよ
うで，加えて5年生時の担任の先生は，みんなに
指示を出したときCちゃんには届いていないよ
うに感じることがしばしばあったとのこと。本人
もどうして自分がお部屋からも動けないのかわか

りたい，ご両親や学校もCちゃんのことをもっ
と知りたいと検査と支援を求めてお越しになりま
した。細身で，もしかしたら自分が想うより沢山
背が伸びてしまったかもしれないといった風情の
あるCちゃん。薄めの表情で引っ込み思案のよ
うです。検査に対しては，自ら受けたいと望んだ
ものの，自分を差し出す心細さが伝わってきます。
　そんなCちゃんが言語性の下位検査に向き合っ
ている場面。くだものについての問いに対して小
さな声で「3文字……？　点々ついてる？」と答
えます。謝ることを巡っての問いには「相手が
少しでもいい気持ちになるように。謝った方が自
分もいい気持ちになるから」。気持ちに焦点が当
たっているのは悪くないなぁと思いつつ，より詳
しく尋ねると「傷つけられたってモヤモヤが残ら
ないように」「傷つけたままで罪悪感が残るから」
と答えます。そのほかの設問でも，具体性に引き
寄せて考える場面では，検査場面でまさに目の前
にあるものに添って答えていたり，対照的に，抽
象性を孕む設問では対他人への想いにすべてが集
約されて眼差されているような答えが続きます。
WISC全体には満遍ない力を発揮しているCちゃ
んですが，ことばを駆使する下位検査ではそんな
姿を見せていました。淡々と答えるCちゃんに
なにか切実なものを感じました。周囲の人との関
係・外側からの刺激に添って答えていたことから，
周囲の枠組みや対人に添って自分を在らしめるこ
と，そうやって外部の刺激に影響を受けて，その
あとに自分を定めていくような（あるいは自分は
薄いままかもしれない）ありようが想像され，胸
が窮屈になるような切ない心地がしました。同時
に“謝る”ということばをシンプルに捉えると
き，謝ることそのものがその結び目にあるはずな
のに，その結果である“謝る人と謝られる人の気
持ち”という処に眼が向いていることも少し気が
かりに思われました。

＊

　ウェクスラー式の言語性検査には，ことばの登

場順序に工夫がされています。身近なものから具体性をそのままに表す対象をはじめに設定し，そこから段階的に抽象性へと展開していくように意図されています。どの次元でのことばの世界に今その子が暮らしているか，ということが看取できる工夫です。同時に可能であれば，ことばと身体のつながり方がどのレベルにあるのかを，他の下位検査や様子と検討しあわせて見通すことも大切なことのように感じています。身体の感覚もしっかり巻き込んでの発達は，赤ちゃんの頃から外の世界の感受とともに内受容感覚のうねりをたっぷり体験すること，さらにその感覚を通して内的調整を感受することで"わたし"，つまり自分感覚を育みます。そのベースがあってやっと"個人のわたし"の身体の個別性・囲いを越えて他者にアクセス・共鳴していけるようです。現在は，早期からシンプルな"情報の交換としてのことば"に触れる環境・視覚優位の世界など激動の感ある時代です。ことばを話し使っている中で，そのことばが身体に根ざした直接性を孕んだことばかどうか，形式としてのことば，型としてのことばに留まっているのかどうかというグラデーションにも感受をこらしたいと思います。

*

検査という場面は，設定上どうしてもテスティを受け身にさらすことになります。そういう設定の中で，その人がなにを望んでいて，今ここの状況をどう受け止めているかという視点は大切です。そのテスターの姿勢が，受け身な枠組みの中で，如何にテスティの主体性を顕現させ得るかにつながるような体験をしてきました。検査というツールを通して自分をなぞられることでテスティの体験世界は溶け出し，動き始めます。すると，元々その人にあった育ちの力がぐんとひとまわり大きく発揮されることを繰り返し体験してきました。豊かな所見と"テスティのそのあと"を育む，拡がりの可能性を如何にサポートできるかは，テスターの持っている見え方・感じ方の拡がり具合に依るものだと日々感じ，試行錯誤をしています。

　Aちゃん，Bくん，Cちゃんは架空のこどもたちですが，今まで出逢ってきてくれたすべてのこどもたち，おとなのみなさんへの感謝をここにささやかながら伝えたいと思います。

▶ 文献

日本版 WISC-IV 刊行委員会 訳編（2010）日本版 WISC-IV 知能検査—理論・解釈マニュアル．日本文化科学社．

Wechsler D（1975）Intelligence defined and undefined : A relativistic appraisal. American Psychologist 30-2 ; 135-139.

[特集] 発達のプリズム──神経発達から多様性の道筋をたどる

呼びかけと応答

相互性を意識する支援

西村朱美 Akemi Nishimura

児童発達支援センターこぐま園／言語聴覚士

I　はじめに

　筆者はことばの遅れなどを主訴とする子どもの通う児童発達支援センターで，ことばやコミュニケーションに関する支援を行っている。ことばは，乳児期の養育者と子どもの情動の共有から始まり，人や物と関わりあいながら育まれる（中島，1996）。発達に課題を持つ子どもの場合は子ども自身の働きかけが弱いため，その子に合わせたより丁寧な関わり（＝療育）が必要になる。黒田（2020），竹田（1994）は遊びを療育に取り入れているが，筆者も遊びを中心とした療育の中で，幼児は主に運動と言語の改善がみられることを経験している（馬場，2007）。遊びは子どもにとって関わりを受けとめ，応答しやすい場だと実感しており，遊びの中で支援者と子どものやりとりのベースになる関わり（呼びかけと応答）を積み重ねていくことを大切な柱として日々取り組んでいる。

　本稿では，現在の施設の事例を通して，療育の中で大事にしていることを整理し，ことばの発達に対する支援の在りかたをあらためて考えてみたい。

II　こぐま園の療育

　本園での療育対象は就学前の子どもで，自治体での健診で案内される例や，医療機関，保育園からすすめられる例，保護者からの希望などがある。主に週1回，保護者と一緒に登園し，療育時間は1時間から1時間半で，1グループ10人未満の小集団でのグループ療育を行っている。主訴としては，ことばの遅れやコミュニケーションの取りにくさ，切り替えの難しさなど発達特性を持つ子どもがほとんどで，生活年齢，発達状況（発達検査の指数では重度から平均），運動発達，発達特性などをもとに子どもたちの像に合わせてグループわけを行い，それぞれのグループに合わせた"ねらい"を設定し，活動内容を決めている。そのために，子どもが好きなもの，自発的な遊び，支援者からの働きかけに対する反応，周囲への関心など子ども一人ひとりの発達や興味関心，物への関わり方などさまざまな面から子どもに関する情報を捉えることを大事にしている。また，家での様子を保護者から情報を得て共有し，集団の中で一人ひとりが大事にされ，子ども自身も子どもに関わるみんなも過ごしやすく笑顔になることを大切にしている。

就園している子どもたちは基本的には保護者と離れて活動するが，2歳児で未就園児のクラスでは，集団生活が初めての子どもが多く，安心できる大人との関係性を大切にするため保護者と一緒に活動することからはじめている。保護者という安心できる基地を保ちながら，活動内容によって部屋を移動し，それぞれの活動に登場するものや，保護者以外の大人，他の子どもの姿を見る。すると，それまでは保護者の膝の上にいた子どもが椅子に座って手遊びのモデルを見て真似てみたり，いつも出てくるペープサート（ペーパーパペットシアターの略）に興味を持って触りに行くといった行動が見られはじめる。好きな運動では母親という安全基地から離れて繰り返し滑り台を登って滑ったり，好きな玩具を取りに行くなどの姿が見られるようになる。このように，子どもの自発的な行動が生まれやすい環境を作り出すために，子どもたち一人ひとりの姿をイメージしながら活動内容や部屋の構造などを考え設定している。

特に発達がゆっくりで発語の少ない子どもたちのグループでは，働きかけに注目しやすい距離を考え，支援者の立ち位置や部屋の広さなど，物理的な環境整理を丁寧に行う。また，毎回同じ場面があって同じ流れを繰り返すことで，子どもにとって"これは知っている""聞いたことがある"となじみのあるものとなり，次への予測や期待につながることをねらっている。例えば，次のようになる。

①はじまりの会では座る位置や名前を呼ぶ順番も基本的に毎回同じにし，絵本の読み聞かせをする。食べ物など生活になじみがあり絵もシンプルな絵本を読み聞かせしつつ，「どうぞ」と一人ずつ順番に差し出し，子どもたち側にいる支援者が一緒に「あーむ」と食べ真似をする。
②活動が終わるたびにお片付けの歌を歌い，身振りとともに「おしまい」と言ってから次の活動で使う実物を示すなど，区切りの場面で同じことばと身振りを使い，活動の"終わりとはじまり"を伝えることを意識する。

なじみのあるものは安心できて子どもにとっては受け入れやすく，支援者と興味を共有しやすく関係を築きやすいということを子どもたちの様子から学ぶことができる。

また，大人とであれば日常生活におけることばのやりとりは一定続くものの，お友だちとの関わりは一方的になりがちでお友だちからの関わりに気づきにくいなど，コミュニケーションに課題を持つ子どもたちのグループでは，協力して取り組む活動やみんなに自分の思いを伝える発表などの場面を設定している。その際，誰が何を何番目に何回取り組むのかなど，子どもが安心して見通しを持って取り組めるように，順番表や回数表，スタートとゴールがわかるような足形を準備し，発表する場合は完成したものや使ったものなどを見せながら話すなど視覚情報を有効に使っている。それにより，誰かに指示されて動くのではなく，子ども自らが情報を理解し自発的に活動に向かえるような環境を作っている。

保護者に対しては保護者グループの時間を設定しており，子育てに関するサービスや制度などの情報提供，発達に関する学習会，就園・就学に向けての情報提供，保護者同士の情報交換の場の提供など，保護者と支援者が共同して子育ての工夫を一緒に考える場としている。また，その日の活動の様子などを伝える時間を設け，子どもの担当者から療育の中で得られた情報を伝えて共有し，子どもの姿を確認するとともに，支援の在り方について一緒に考えていくことを大事にしている。

III　事例を通して

次に事例を通して整理したい。なお，ここにあげる事例は筆者がこれまでに療育の中で出会った子どもたちの姿をまとめてモデルにしたものである。

1　事例A：男児
1．概要
発達検査の結果では重度の発達遅滞を示す。発

語はないがコミュニケーションとしては，要求時に視線を送る，手を伸ばす，快不快は発声や表情，まれに手を引いて要求を伝え，拒否はその場を離れるなどの行動で表出する。こちらの関わりと本児の注意や興味が合致すると，表情が和らぎ，要求時に見られていたクレーンや発声が止まり，支援者への応答の仕方が変わる様子が見られる。遊びの発達としては感覚運動遊びの段階にあり，板状の吊り遊具（ブランコ）に乗って揺れたり，トランポリンに一緒に乗り支援者が歌に合わせて揺れの大きさを変えたり止める遊びや，戸板の上り下りなど身体を使う遊びで笑顔が見られる。また支援者とおふね（支援者の膝の上に対面で座り，上半身を前後に揺らす遊び）のようなふれあい遊びも好む。家では好きなソファーがあり，そこにもたれかかったり，ジャンプしたりしているとのこと。

2．ブランコ遊び

好きな運動遊具のある部屋では，ブランコに自ら向かう。興味のあるものに視線を送り，自分から近づき触りに行く。Aが乗ったところで支援者が歌いながらブランコを押し，歌が終わると同時に揺れを止める遊びを繰り返すと，Aから支援者に視線を送り，歌が終わろうとする頃に不快な声を出す。繰り返しの中で，歌がAにとってわかりやすい目安となり，歌が終わることと揺れが止まることが結びつき，揺れを止めてほしくないという意図を声と一瞬の視線で表出する。その表出を受けて支援者が「もう一回」と身振りとともに伝え，再度歌いながら揺らすという遊びを繰り返す。その繰り返しの中で，「もう一回」の時に手を近づけて触る姿が見られるようになった。

この場面で支援者は子どもの発信を待ち，受け止め理解すること，子ども主体で進められることに重きを置いたインリアル・アプローチ（竹田，1994）を参考に，子どものサインをくみとって意味づけし応えることを意識した。そして遊びの流れを一定にして，それを繰り返すことで子どもの

中に「予測と期待」を作り出すことをねらった。

この事例の場合は，歌が終わることと揺れが止まることは予測しているが，自分が声を発することで遊びが再度始まるというところまでは繋がっていなかったように思われる。しかし繰り返しの中で支援者の手に触れて“もう一回”と伝えるなど伝え方が変化し，相手が理解しやすい表出になった。他者との遊びの中で子ども自身が次を期待し，予測していた通りに遊びがはじまり，繰り返される。子どもにとって予測できることは安心や期待に繋がりやすい。このような遊びはコミュニケーションの発達において基盤になると考える。一見「受身」に思える経験こそが子どもたちの遊びへの意欲を育て，子どもの中に生まれる遊びに対する「予測と期待」が“もう一回”という要求に繋がること（長瀬，2014）を実感した。発達がゆっくりな子どもは遊びのバリエーションが増えにくく，自発的な表出が少ないか，もしくは表出が弱く周囲が気づけないことがある。自発的表出の低い人から自発性を引き出すには，その人の機能的レベルに合った刺激・活動や表現方法を提供しておくことが必要である（大伴，2006）。例えば感覚運動遊びの段階にある子どもには，別の感覚系の遊びを提示するなど，その子が受け取りやすいレベルの中で別の遊びを探っていく。身体を使う遊び以外にも，音を聞いたり見て楽しむ感覚遊びなど，興味関心を示すものからそれに似たものを見つけては近くに置いたり隣で触ってみたりして反応を見る。関わる側が子どもにとって心地よい刺激や遊びを提供してくれる“いいひと”になることがやりとりのきっかけになる。このように，子どもの遊びへの意欲を育てる環境を作り，コミュニケーション意欲につなげていく関わりが大事だと考える。

また，支援者との関わりから得られた情報（好きな感覚や遊び）を保護者と共有し，家での過ごし方を具体的に情報収集し，落ち着いて過ごせる環境や新たなことを学ぶ際に適切な環境を一緒に考えていった。Aの場合，家でリラックスして

いる時はお気に入りのソファーにいることが多いという情報を得て，療育の中でも似たものを用意した。そしてソファーの写真を見せつつソファーがある部屋に移動しようと誘うと，写真を見て移動できることが増え，子ども自身が見通しをもった行動につなげることができた。このように，療育では保護者から得られた家庭での様子を参考にしつつ保護者と協同して進めていくことを大事にしている。保護者と専門家は，子どもの健やかな成長を共に喜び合う仲間（中川，2018）であり，保護者とも相互的にやりとりし，共に考えていきながら喜び合える立場でありたい。

2　事例B：女児
1．概要

2歳児。1歳半検診で発達の遅れを指摘された。在宅の未就園児。療育が初めての集団の場である。単語が出はじめ，見たものや触ったものの名称など自分なりの音声で表現することはあるが，他者と共有することは少ない。他児と場所を共有することができ，近くの支援者が働きかけると応じることもあるが，Bからの働きかけは少ない。人より玩具の操作などへ注意が向くことが多く，操作がうまくいかないと「あー」「やー」と不快そうな声で表現する。そのタイミングで近くの支援者がBの意図をくみとって「てつだってよー，だね。いいよー」と操作を手伝うと不快な表現を止める。しかしBから近くの支援者に伝えることは難しく，支援者の関わりと自分の意図が異なると手足をばたつかせてさらに不快そうな表現をする。

2．ままごと遊びを中心に展開

玩具で遊ぶ部屋は，色の違う複数枚のマットでエリア分けしており，ままごとのほか，追視玩具や電車とレール，磁石でくっつく玩具などの中から4種類ほどを用意している。部屋には3～4人の子どもたちと支援者が2～3人。その中でBはままごと道具など身の周りで使われているようなものに興味を示し，ミニフードをナイフで切る，近くにあるお皿にミニフードをのせるなど，それぞれのものの使い方を知って扱う姿が見られる。隣では他児が同じようにミニフードを持っていたり，切ったりしているが，特に意識する様子は見られない。周囲への関心はまだ薄く，自分の操作に注意が向いている。

このようにまず子どもの遊びを観察し，子どもが注意や気持ちを向けるものを把握することから始める。そして，ミニフードを切っている場面で「ザクッ」，お皿を探しているような場面で「おさら～」など，声かけが遊びの邪魔にならないよう，子どもが見ているものや気持ちに合致するようにことばをかける。次に，他のミニフードを切って同じ遊びをする。すると，はじめは操作に夢中になっていたBが支援者の存在に気づき，支援者の声かけやミニフードを切った後で，支援者の方を見る反応が見られる。そこでBがミニフードを切ろうとナイフを構えた時に「ザー」と言いはじめ，切る瞬間に「クッ」という声かけを繰り返すと，Bが支援者の音声に合わせるように切って支援者を見るようになった。一緒に遊ぶ中で面白い出来事や驚きなど子どもの心が動くその場面を捉え，そのタイミングで支援者がことばを発する。子どもとの距離や目線，姿勢に気をつけ，適度な距離を保ちつつ，子どもの目線に合わせた高さで，表情を見せながら短いことばで話しかける。長く複雑な声かけはせず，端的に話す。ここでは，子どもに教えるのではなく子どもにとってその場面や意図に合ったことばを使い，子ども自身がことばを獲得できるような状況を作ることに重きを置いた。

Bに合わせた関わりの中で，他者からの働きかけに対する反応に共感や叙述的な視線が見られるようになっただけでなく，Bが相手に合わせる楽しさを感じている姿が見られた。

その物の用途に合致した扱い方（物の慣用的操作）が発達し，それと平行して最初の有意味語が出現する（小山，2018）と言われるように，Bの遊びの内容と言語発達に関連が見られる。子ども

の自然な活動である遊びを観察することでことば
の発達段階を予測できる。予測できると，どんな
ことばをかけるといいのかが見えてきやすい。子
どもの様子から発達や興味関心，その時に注意を
向けているものなど，今，子どもが遊びたいもの
を捉え，コミュニケーション意欲を引き出す状況
を作っていく。子どもがさまざまな事物を探索し
表象（イメージ）を形成するために，安全で探索
できる環境を用意する必要がある（小林，2020）。
さまざまな玩具，発達年齢に相応しい絵本など，
まず子ども自身がしっかりと一人遊びができる環
境と，子どものイメージを引き出すような保育者
の言葉かけが大切な時期である。子どもは自ら学
ぶ存在であり，学び遊ぶ主体は子どもである（川
野，2007）。このように子どもを主体にした発達
支援を行い，子どもの発達や興味関心のあるもの
を用意し，その子どもの心が動く時を捉えて関わ
ることを大事にしたい。

　また，宇佐川（2014）は，自閉的な傾向を持ち，
マイペースな面が強く出てきている3歳の子ども
に，大好きなはめ板を用いて，合わせる楽しさを
心がけたところ，少しずつ柔らかさが育っていっ
た事例を紹介し，他者に合わせることが苦手な段
階で少しでも応じる世界や合わせる世界の面白さ
が伝えられるとその後の発展に貢献するとしてい
る。また，子どもが好む教具を見つけ出し，それ
を活用して子どものペースではなく大人のイニシ
アティブのもので使うと，合わせる面白さが育ち
やすいという。時には支援者が遊びを仕掛ける関
わりも子どもの発達には刺激となり，遊びや興味
関心，人とのやりとりを広げていくことにつなが
るのかもしれない。やりとりを楽しむきっかけと
なるものを探すことも大事だと思われる。

IV　まとめ

　以上，関わりの中で意識していること，大事に
していることを述べてきた。以下に整理する。

「環境作りの配慮」——子ども自身が安心して過ご
　し，情報を受け取りやすい環境を作りだしていく。
　情報を伝える際には子どものタイミングや受け取
　れる質や量を考える。発達状況や特性，興味関心
　など子どもの視点に立った関わりを意識する。
「子どもの自発性や能動性を見つける」——保護者
　から情報を得たり，さまざまな手法を生かしつつ
　子どもからの発信に意味づけして応答し，子ども
　自身の育つ力を見つける。
「遊びとしての関わりが応答をうむ」——子どもの
　発達に合わせ，時には大人がイニシアティブを取
　り呼びかけるなど，子どもが受け入れやすい遊び
　や関わりのバリエーションを増やす場とする。
「保護者との情報共有」——保護者と情報を共有し，
　共に方向性や関わり方を考えていく。

　これらのことを意識しながらことばの発達を促
す支援者として療育に携わっている。これからも，
ことばの発達や豊かなやりとりにつながる信頼関
係や安心感が育ちやすい環境を考えていきたい。

▶文献
馬場朱美（2007）療育教室に通う2歳児の発達経過. In：川野通夫 編：ひととことばの臨床. 法藏館.
川野通夫 編（2007）ひととことばの臨床. 法藏館.
小林真（2020）乳幼児期の人間関係の発達. 富山大学人間発達科学紀要 15-1：157-166.
小山正（2018）言語発達. ナカニシヤ出版.
黒田美保（2020）コミュニティーでの支援を実現するJASPERプログラム. 子どものこころと脳の発達 11-1；28-34.
長瀬美子（2014）乳幼児期の発達と生活・あそび. ちいさいなかま社.
中川信子（2018）保護者支援. 学苑社.
中島誠（1996）子どもが育てることばと知能. アカデミア出版会.
大伴潔（2006）言語発達支援研究からみた指導アプローチの類型化—欧米の指導研究から. 発達障害支援システム学研究 5-1；37-48.
竹田契一（1994）インリアル・アプローチ—子どもとの豊かなコミュニケーションを築く. 日本文化科学社.
内田芳夫（2015）小児の言語獲得に関する研究. 南九州大学人間発達研究 5；3-5.
宇佐川浩（2014）感覚と運動の高次化からみた子ども理解. 学苑社.

［特集］発達のプリズム──神経発達から多様性の道筋をたどる

安心と発達
「安心感の輪」子育てプログラムの実践から学んだこと

安藤智子 Satoko Ando

筑波大学人間系

I　安心とアタッチメント理論

人間が生きていくための根本的で切実な欲求には，安心できる人がいること，安心できる場があること，誰かを信頼できること，自分を信頼できることが含まれるだろう。私たちは，生まれてすぐから，心身の世話をしてくれる人との関係で，自分は愛されている，世話されている，助けてもらえる，守ってもらえるという体験から安心の感覚を学ぶ。

アタッチメント理論では，人間にとって安心が最も基本的な欲求で，安心に生きるために，アタッチメント欲求，探索欲求，ケアギビング欲求の3つの要素がそれぞれに関係したシステムとしてあると考えられている（Bowlby, 1969/1982）。アタッチメントシステムは，子どもが不安や怖れ，疲れなどの苦痛を感じたときに，守ってほしい，慰めてほしい，支えてほしいと求めるシステムだ。もうひとつが探索システムで，環境に目を向けて興味のあるものを見つける，仲間と遊んだり協力する，目標を達成するなどが含まれる。そして，親が苦痛に気づき慰めてくれると思えていると，自律的な探索に向かうことができると考えられている。

親は，子どもへのケアギビングを通じて，子どものアタッチメント欲求を支える安全な避難所の機能を果たす。ストレスのあるときに両手を開いて避難所においでと両手を広げて迎え入れ，慰め，落ち着かせる。子どもはその体験から，安全であり大丈夫だと感じて安心する。そして，気持ちが落ち着くと環境の探索に向かう子どもを支援する，安心の基地として親は機能する。自律的な探索を見守り，励まし，必要なときには手助けをする。また，状況をモニタし，危険があれば子どもの欲求に沿った行動を止めて，危険を教え，安全を守る。

II　「安心感の輪」子育てプログラムとは何か

The Circle of Security Parenting（COS-P）Program（Cooper et al., 2009）は，親と子どものアタッチメントの絆を高めるために考案されたプログラムで，直観的にわかる図は現在14カ国語に翻訳され，30カ国で実施されている。北川ほか（2013）が日本語に翻訳し，日本でも実践されている。

プログラムの特徴は，子どものアタッチメント欲求に注目すること，そして親子の関係性に注目することである。

安心感の輪
Circle of Security®
子どもの欲求に目を向けよう

© 2018 Circle of Security International, Inc.
北川・安藤・久保・岩本 訳, 2021

図　安心感の輪（Circle of Security）
（©2018, Circle of Security International ／発行者の許可を得て図を掲載している）

　アタッチメントシステムと探索システム，それを支える安全な避難所，安心の基地について，「安心感の輪」の図を参照しながら追ってみよう（図）。

　親を両手で表し，探索行動を輪の上半分，アタッチメント行動を輪の下半分で表し，それぞれの場面で子どもの欲求が記されている。探索しているときに子どもは，「いろいろなことをするから見ていてね」「見守っていてね」「手伝ってね」「一緒に楽しんでね」「大好きって見てて」などの欲求を示す。アタッチメント行動のときには，「いま行くから，おいでよって待っていてね」「守ってね」「慰めてね」「大好きって受け止めてね」「気持ちを落ち着かせてね」などの欲求を示す。これらの欲求は明確に示されることもあるが，多くの場合は，親が子どもの行動から感情や意図を推測する。

　「安心感の輪」は親の「両手」によって支えられている。その手は，子どもより多くのことを知っており，状況を判断することのできる親が，子どもの欲求と状況を理解して対応するケアギビング行動を表している。「いつでも子どもより大きく，子どもより強く，子どもより賢く，そして，優しい存在でいよう。できるときは子どもの欲求に応えよう。必要なときは毅然と対応しよう」と記されている。

III　子どもの欲求への対応

　もう少し具体的な場面で「安心感の輪」のそれぞれの欲求をみてみよう。子どもが「輪」の上半分の欲求を示すとき，親は，積み木で遊ぶ子どもを，興味をもって「見守り」「大好きって見て」いる。長い積み木がないという子どもと一緒に探

すのを「手伝い」，誘われて電車を走らせて「一緒に楽しむ」。親は，子ども自身の興味を尊重し，探索を支える「安心の基地」となる。この経験が，子どもなりに考え，試してみる自律的な力，自分の関心や感覚を信じて実行する力を育むだろう。

　子どもが「輪」の下半分の欲求を示すとき，公園でサッカーをしていた子どもが転んで泣きながら「守ってね」と親に近づく。「大好きと受けとめ」た親は，痛かったねと慰め，傷口を洗って手当てをしながら，子どもの「気持ちを落ち着」かせる。「押されたんだ」と怒っていた子どもも，驚いたことや痛かったことを推測してその感情と一緒にいてもらううちに，もう一回行ってくると言って，友達の方（探索）に戻る。親が子どもの悲しみや怒りなどの感情をそのまま受け止めて寄り添い，「安全な避難所」となった。このような経験の積み重ねにより，子どもは，苦痛を感じたり大変な経験をしても，人は助けてくれるし，自分も気持ちを落ち着かせることができる，人との間で傷つくこともあるが，また回復することもできると体験し，長じて自分で感情調整ができ，自律的な探索に向かい，友人と協調する力が育まれているといえる。

　「両手」の部分，安心を与える応答について，幼稚園への登園時に，もっと遊んでいたいという子どもへの対応を例に考えよう。何度かもう時間だから行こうと言っても止めないので，大声で怒鳴る。あるいは，子どもが行きたくないというからそれに従うと遅刻してしまう。どちらも，子どもへの対応としては十分ではないと感じるだろう。

　これに対して，出かける時間であることを明確に伝える，もっと遊びたい，止めたくないという子どもの気持ちにも寄り添い，かつ，明確に出かける時間だからと伝える毅然とした対応で，生活を安全に進めることができる。例えば，「遊びたいんだね，でも，行く時間だから出かけよう」「もうちょっとで完成だったんだね，帰ったらまた続きをしよう！」といった対応により，子どもは登園・登校時間に間に合い，安心して活動を始めることができる。

Ⅳ　アタッチメント欲求への対応の困難

　どんな親でも，すべての欲求に応えようと完璧を目指すのは，むしろ自然ではない。推測した欲求がはずれたら，もう一度興味をもって考えてみる試行錯誤をするのだろう。次のような経験は誰でもあるだろう。

　積み木を並べて熱中している子どもに，「赤・青の順に並べてごらん」「今度はもっと高くしてみたら」と話して，積み木を並べて見せる。ボール遊びをしている友達のところに入りたいという子どもに（年齢相応の遊びにもかかわらず）危ないと言って行かせない。これらは，輪の上の子どもの探索欲求に落ち着かないときの応答例だ。子どもなりの探索のときに，落ち着かず，「見守り」「大好きって見て」いられなくなる。

　積み木でつくった道を妹に壊されて「また壊された！」と半分べそをかきながら怒っている子どもに，「お兄ちゃんなんだから我慢しなさい」と言う。転んで泣きながら近づいてきた子どもに，「このくらい大丈夫，強い強い，さあ戻って！」と対応する。遊びに行くのに，ボールがないとイライラしながら近づいてくる子どもに，「だからちゃんとしまいなさいと言ったでしょ！」と叱る。これらは気持ちが落ち着かないときには，子どもの悲しさやくやしさに気づいて，慰め，それを教えてくれてありがとうと大好きだと受け止めながら一緒に気持ちを落ち着ける対応がしづらくなる。

　これを，自分の対応だと思う人は多いだろう。寄り添えないのは，どんな人でもあり得ることだ。自分を責めたり，無力感を感じる方もいるかもしれないが，そんな気持ちも出てくるよね，と感情を認めてあげつつも，それらの感情は少し脇で待っていてもらって気持ちを落ち着けて読み進めていただきたい。

Ⅴ　親への寄り添い

　子どもの欲求を推測して，それに応答をするのは，大人である親の役目でいつでもできるわけではない。親のアタッチメント欲求への寄り添いを考えてみよう。Bowlby（1988）は，親が子どもに敏感な応答をするためには，十分な時間やリラックスした雰囲気が必要だと強調している。親が子どものアタッチメント欲求に応えづらいときには，まず親自身が落ち着かない心持ちだと考えることができるだろう。親にも安心の基地が必要で，子どものことで，子どもを育てる探索の過程で，イライラしたり悲しくなっても，自分を責める気持ちがわいてくるときに，慰めや助けを求めて戻ってくる安心の基地で気持ちを落ち着けて，また興味をもって探索に戻ることができる。そして，親が感情を調整して，敏感に応答することが，乳児が自己調整能力を発達させていき，生理的に調整し，安心を感じやすくする（Moore & Calkins, 2004）。

　また，親の被養育体験が子どもの欲求への寄り添いづらさと関係していることもよくある。育った家族の中では，ネガティブな感情を出すことが，家族を不安にさせて，本来は基本的で安全なアタッチメント欲求を，出すことは抑えて，感じないようにしたり，価値のあるものではないと抑え込むことが，適応的な方法だったと考えることができる。そのようにして大人になった親が，子どものアタッチメントの欲求を，「甘えている」と否定的に評価することも理解できる。

　むしろ，多少のことではくじけず甘えずに頑張れるようになってほしい，我慢のできる子どもになってほしいなど，いずれも，子どものことを思った親の対応で，肯定的な意図があるといえる。

　「甘えてはいけない」という気持ちを話す親には，グループを信頼して，その感情を話してくれたことへの感謝や，プログラムでの話へのとまどいを共有してくれたことに感謝する。ネガティブ感情に寄り添うことが難しい方が，ネガティブな

感情を共有してくださったことは，親にとっても，素直な気持ちを吐露し，受け入れられ，落ち着くことのできる，「安心感の輪」を体験してもらうことになる。

　参加者の探索も促し，どんな探索も興味をもって伺う。「今日のお子さんの行動は？」「今日話してみてどう感じた？」と興味をもって質問し，親自身の両手となって，話をしてみる内省を支援者は手伝う。

　親自身が「安心感の輪」を体験することを通じて，過去の経験と，子どもの特定の欲求や感情についての自分の感情の動きの理解の手助けができるかもしれない。グループの中で言葉にし，受けとめられることで，今まで触れられなかったアタッチメントについての傷つきが解かれ，子どもの感情との向き合い方にも変化がもたらされることもある。

Ⅵ　社会の中の「安心感の輪」

　「安心感の輪」子育てプログラムに参加すると，この考え方をパートナーと分かち合いたいと思うようになる親も多い。家族で子どもの行動をアタッチメントの観点から理解することは，子育ての指針を共有する助けになるだろう。

　子どもが大声で怒鳴ると，それを気持ちを落ち着かせてほしいというアタッチメント欲求だと理解して，寄り添う対応をするために協働することができる。また，一方の親が苦手な欲求や感情を，他方の親は苦手にしていないこともある。子どもが怒ると，落ち着かなくなって，怒って返してしまうことに気づいた母親が，自分の気持ちを落ち着かせる間，父親が子どもの気持ちに寄り添って，一緒に母親が落ち着いて戻ってきて，子どもと話す時間を持つという役割分担ができたという例もある。

　また，パートナーがお互いの「安心感の輪」になることを意識することもできる。困っていることや疲れていることをパートナーに話して，その気持ちに寄り添ってもらうことができる。恥ずか

しいことや，腹が立ったことなど他の人には話しづらい気持ちを聴いてもらい，寄り添ってもらえると絆は深まる。

　パートナー間でお互いに「安心感の輪」の両手になり，パートナー間で否定的な感情も共有し，支えあい，子どもの発達の課題を探索することは，パートナーの愛情の絆を強めるだろう。また，その様子を見聞きしている子どもにとっても，家庭で話し合いがある安全な雰囲気を経験し，学び，健全な発達を支えることにもなる。

　また，子育ては，家庭の外の社会の影響を受ける。公共の場所も，子どもの感情に寄り添うのが難しくなると聞く。子どもがぐずって周りの人に迷惑をかけることを心配し，子どもの気持ちに寄り添うよりも，叱ったり気をそらそうとするという。早く泣き止ませなければと焦り，そのときの子どもの気持ちに寄り添う余裕がなくなる。周りの人の視線が気になり，自分の方が泣きたくなるという親もいる。

　大人はたいてい一人で感情を調整できるが，子育てで苦痛を感じ，気持ちが落ち着かなくなったときには，一人で調整できなくなる。大人にも気持ちを落ち着かせてくれる「両手」が必要になることがあるのだ。「地下鉄で子どもが泣くと焦るよね。大丈夫，子どもの気持ちが落ち着くまで一緒に待つよ」という眼差しを向け，声をかけてくれる周りの雰囲気が，親の不安や恐れを落ち着かせて，子どもへの寄り添いを促すだろう。社会に子どもや親への感情や養育，アタッチメントについての理解が広まることが，子どもの健全な発達を支えるだろう。

　私たちは，ゆりかごから墓場まで，子どもでも

大人でも，アタッチメント対象の安心の基地から旅をすることが最も幸せなことなのだ（Bowlby, 1988）。アタッチメント対象は，親だけではない。特に，家族が困難な状況にあった場合に，家族以外の人の思いやりをもった関わりが，子ども期の困難な体験を緩和し，発達を支えることも明らかになっている。地域の中に，子どもや親の両手の役割を果たす場所や人が存在するとイメージできれば，親も子どもも安心感を持てるだろう。

　「安心感の輪」子育てプログラムをはじめとする子育て支援のプログラムに効果があるということは，これまで研究から明らかになってきた。それを，親子の手の届くところで実践し，親子を取り囲むさまざまな社会が「両手」となり，アタッチメントを経験できるような仕組みをつくる取り組みを，今後も広めていきたいと思う。

▶注記

　本稿では，子どもに愛情をもって世話をする養育者すべてを含んだ言葉として「親」と表記した。ここで記した語りなどは，実践経験から構成した架空のものである。

▶文献

Bowlby J（1969/1982）Attachment and Loss. 2nd Ed. New York, NY : Basic Books.

Bowlby J（1988）A Secure Base. New York : Basic Books.

Cooper G et al.（2009）The Circle of Security Parenting（COS-P）Program. Circle of Security International.（北川恵，安藤智子，松浦ひろみ ほか（2013）「安心感の輪」子育てプログラムファシリテーターマニュアル 1.0）

Moore GA & Calkins SD（2004）Infants' vagal regulation in the still-face paradigm is related to dyadic coordination of mother-infant interaction. Developmental Psychology 40 ; 1063-1080.

[特集] 発達のプリズム──神経発達から多様性の道筋をたどる

人と人が共に生きるかたち
エピソード語りで見えてくるもの

青山新吾 Shingo Aoyama

ノートルダム清心女子大学

　1989 年は平成の時代が始まった年である。大学の教育学部を卒業し，私が小学校教員としてのスタートを切った年でもある。大学時代に社会科教育学を学んでいた私は，当然のごとく小学校で通常の学級を担任するものだと思っていた。そして，それまで自分で実践することができなかった社会科の授業に取り組むつもりであった。しかし，不思議な人事の都合で，私は小学校の中に設置されていた「ことばと情緒の教室」，今でいう「通級指導教室」の担当者として勤務することになったのである。勤務地は県内の地方都市で，「ことばと情緒の教室」は地域の障害児教育センターとしての役割を持つ場所であった。率直に言って，大学卒業してすぐの，しかも障害児教育の素人教員を配置する場所ではなかったはずである。随分強引な人事であったと思うが，結果的にこの人事が私の人生を変えたのである。余談であるが，後年，障害のある子どもを育てる保護者の方々と談笑していたとき，この人事の話になった。保護者の方々から「最初にその人事をされた教育委員会の人事担当者の方は，本当に先見の明があったのですよね。良かった」と言われたことがある。そのように考えたことなどなかったので驚いたが，その過分なことばのおかげで，ここまでやってこ

られた気がする。

　その 1989 年にある本が出版されている。故片倉信大の『僕と自閉症』（学苑社）である。

　本稿は，この本との出会いから出発し，現在に至るまでの，人と人が共に生きるかたち，すなわちインクルーシブのかたちをどのように表現・記述するのかについての試行錯誤を検討するものである。

I　ある自閉スペクトラム症のある方に教わり，共に考えてきたこと

　先述した片倉の文体は，私の臨床に，臨床記述に大きな影響を与えた。その場で起きていること，目には見えないけれどその場に確実に生じている心の動き，そしてそこに生じている関係性をどのように表現するのかが重要なテーマになったからである。このテーマは，35 年近く経った今でも，私の中のテーマであり続けている。

　ここでは，私が信頼する ASD のある方とのエピソードを綴ることにする。彼女が前に進もうとして生きている記録を紹介することで，上記のテーマに迫り，検討してみたい。なお，この記録は本人の承諾のもとで執筆し，全文を本人に確認してもらっている。また，そこでの修正や削除依

頼があった場合には，本人と対話をして文章の修正を行うこととした。なお，個人情報を守るため，エピソードの本質に関わらない部分については，事実と異なる記述に変換している。

ここでは彼女のことを，かなさん（仮名）とする。20代の女性で会社員として勤務している方である。かなさんとの会話の中で，一緒に考えてきたエピソードを綴ってみよう。ちなみにかなさんと私は，本人が悩みを相談する関係である。私は大学の研究者としての立ち位置である。

II　駅のホームの端っこで

高校や大学に電車通学していたらしい。いつも通り家を出て，いつも通り駅に行って電車に乗る。でも，学校に行きたくないなと思うことがあった。そのような時，「周りの人がすごくうっとうしくて……」と話してくれた。人の流れが苦手で，電車から降りて，人の流れに乗って学校へ……というわけにはいかなかったようである。

この話を彼女から聞いた当時，人間の奥深さを感じたことを覚えている。似たような状況であっても，案外人の流れに乗ってしまうことで動きやすくなり，動き始めると気持ちも変化して目的地に行ける人もいるからである。しかし，かなさんはそうではなく，人の流れから外れるために全力で動き，トイレの中に逃げ込んでいたと教えてくれた。

しかし，話はそれで終わらなかった。彼女は「トイレの中にいると，その人混みがいつ収まるのかがわからなくて，トイレから出られなくなる……」と言ったのである。それを聞いて，“えっ？”と思った。学校への気持ちが向かないためにトイレの中から出られなかったのではなく，人混みの状況がわからない（想像しにくい）ことで，トイレから出られないという悩みの訴えだったからだ。

私は，これらの話を聞き，考えを巡らせながら，かなさんに言った。

「うーん，人混みの流れから身を離したいって

ことだよね。それから，外の状況が見えなくなってしまうと，そこから出るタイミングがわからず，出られなくなってしまうってことだよね？」

そうだという答えを聞いてから，だったら……ということで話してみた。

「ということは，外の様子が見えるところで人の流れから外れると良いかもしれない。例えば，駅のホームの端の方へ行ってしばらく待ってみるとか……。そうしたら，人の流れが消えていくのが目で確認できるでしょ。また，動き始めが難しい人もいるけれどどうかな？　例えば，駅のホームの端っこで人の流れが消えるのを待つ。流れが消えたら「左足から一歩目‼」みたいに，歩き出す足を決めておいて言語化するとスタートが切りやすくなるってこともあるね」

いつも，このように直接的なアドバイスをするわけでもない。彼女に，今何を伝えればよいのだろうか。常にそれを考え，迷い，そして選びながら共に生きようとする時間の連続である。この時は，直接的なことばを選んだということだ。

このアドバイスは，一時実行されたようであるが，実はその後あまり話題に上がらなかった。というか，この悩み自体が語られなくなったのである。これまた人間の奥深さを感じる。実際にアドバイスを実行することもあるだろう。また，「そうすればよいのか！」と考えられた時点で，なんとかなりそうだという見通しが発生し，問題が解決してしまうこともあるように思う。

III　残念だけど最悪じゃない──暴言

「日常生活ですぐにイラッとしてしまうんですよね……」という訴えから始まったのがこの話題。もう少し具体的に聞きたいと思って話してもらうと，「「こんな程度のことで」とわかっているのですが，どうしてもイライラが抑えられないんです。すごいパワーで来るんです‼　先日も一番仲良しの友人と，部屋の掃除のことで話しているうちにイラッとして，自分では言うとは思ってなかったのですが，気付いたら「一人で（掃除を）しとけ‼」

と言ってしまっていたのです。そうしたら，親友に「なんでそんなこと言うの？」って言われました。それで，すぐに謝ったんです「ごめん」って」という話をしてくれた。

　それから，このテーマでじっくり話を聞いていくと，小・中学校の頃は周りの人たちも口が悪かったから，こういった「暴言」があまり問題になっていなかったと教えてくれた。これまた，深い話である。確かに，住んでいた地域や学校，学級の雰囲気等によっては，幼少期には，同じようなことがあってもそれが大きな問題として浮上しないことはあると思われる。しかし，高校に行くとそうではなくなり，その代わりに「（暴言を）言ってしまったら謝るということを覚えました！」と言うのである。だから，「今回もすぐに謝ることはできた。でも本当は言ってしまう前に止めたいのだけれど，それが止められない。次，同じような場面があったら，言わないで止められるようになりますか？」と真剣な表情で尋ねてきたことを覚えている。

　今回改めてこのエピソードを思い出して記述した。せつなくなるようなストーリーである。やりたくてやっているわけではないことがじんわりと伝わり，なんとしても止めたいという思いがほとばしっていると思う。しかし，その思いが，大好きな友達に暴言を吐いてしまう自分を，なんとしても止めたいのに止められないダメな人であると認識することに繋がっていきそうである。自分はダメなんだと思う。そして，そんなダメな私は，もうあの子の側にいてはいけない……などと考え始めると，大好きなお友達との関係を自ら切ろうとする。そのような状況になりかねない気もしたのである。私は「そうだよね。止めたいよね。ならば，完全に止められるまでの成長ステップを自分でつくっていこうと考えてみては？」と言った。実は，このことに限らず，かなさんの思考は，"止めるか，止められないか！"の二択であることが多い。彼女は「少しずつ……」とか「半分くらいは……」のようにステップを踏んだり，完璧ではないができている部分もあるといった「間」の世界を見るのが得意ではないと思われた。そこで，あえて「成長ステップ」という日本語を用いてみたのである。さらに「上手くいかなかったときにね，「残念だったけれど最悪じゃない」と考えてみたら良いのでは」と話したのである。暴言を吐いてしまったけれど，すぐに気がついて一所懸命謝った。相手も許してくれた。これって，残念だけれど最悪じゃないよねという話である。

　その後，他の場面においても「悲しかったけれど最悪じゃないと思ったんです」のように話してくれることがあった。これは少しずつではあるが「間」の世界を捉えていることになるのかもしれない。そして「間」の世界が見えてくると，必要以上に自分を追い込まず，すべてが悪いとも言えないと考えられる場面が出てくるかもしれない。そのようなことを考えていたら，それからしばらくして「青山先生と話すようになって，良い意味で「まあええわ」と思えるようになったんです。それまでの私は，自分がダメでバカだからって思っていましたから」と話してくれた。ちなみにかなさんは，学業成績優秀な女性である。私がプロとして関わったことも確かにあるが，私自身のいい加減さ（人によってはそれを大らかとか柔軟とかの日本語に置き換えてくださることがある）が，彼女との関係の中でポジティブに作用した面も否めない気がするのだ。

Ⅳ　動きにくい，止まらない

　かなさんを苦しませていることのひとつに，動作に関する諸々があると思う。

　あるとき，動きが早くなる，止めておくのが難しくなってきたとの訴えがあった。これは，常にあらゆる場面で出現するものではあるが，状態が常に一定ではないところにより難しさがある。例えば，職場でラジオ体操をするのだけれど，動きが早くなって体操がおかしくなるのだと言うのである。ここで間違えてはいけないのは，ラジオ体操そのものはどうでもよいということである。「や

らなくてもよいことにこだわらなくて良い。同じことを一斉に要求するのが日本社会だ」などと主張し，問題の本質をそらしてはいけない。かなさんが訴えているのはそういう論点ではなく，「身体が思うように動かせなくなってきた」ことなのである。ラジオ体操は，その例のひとつである。もちろん，日々の生活の安定を考える際には，ラジオ体操場面からの離脱が意味を成すこともある。合理的配慮の検討といった視点で生活しやすさを考えることもある。

同時に，彼女の訴えの中に，身体を止めるのが難しいということがあった。これも，それまでに見られていた状態であるが，その状態は常に一定ではなかった。ちなみに，身体の動きが止めにくくなると必ずといってよいほど影響を受けるのが睡眠である。かなさんも，この頃寝にくいと訴えていたが，これについてはひょんなことから解決している。

「いつも寝ていたベッドを解体して床に寝ることにしたんです。そうしたら，景色が違って見えました。そのとき「寝られる！」って思ったんです。そうしたら寝られました」とのことだった。

私はこの話をわかるなと思って聞いていた。寝にくかった主因は身体の動きの止めにくさ，コントロールの不全さにあったはずである。しかし，それを解決したのは，寝転んだ姿勢から見えてくる風景，つまりは視覚的な情報の変化だったというのである。それは，これまでにも他の子どもたちや大人との臨床的なつきあいの中で経験してきたことだった。だから，十分に考えられることであるし，それをきっかけに「切り替わる」ことも十分にあり得る話だと考えたからである。

さあ，どうするか？

一緒に歩くことにした。散歩である。

では……ということで歩き始めて直ぐにわかったことがある。それは「速い‼」ことだ。とにかく私がついて行くのがやっとというスピードで歩くのである。ちなみに，かなさんは，日頃は私への気遣いがある優しい人である。しかし，このと

きは，老化が進んでいる私にお構いなしに，スピードを上げてどんどん歩く。息が切れ始めた15分頃から少し変化が見られた。スピードが落ちてきた。

当たり前だが，かなさんが私に意地悪をして速く歩いているわけではない。見るからに両足には力が入っており，「棒」のような感じで尖足気味につま先から突っ込むように歩いている。日頃はそのような歩き方ではないので，そのときのコントロールの不全さが明らかだ。それが15分くらいで変化し，尖足気味だった歩き方が，かかとから降りるようになってきた。「棒」のような足が少し緩み，膝のあたりが明らかに緩んでいる。すると，歩く速度も遅くなってくるのだと考えられた。すると，その頃からかなさんが話し始めたのである。どうも，必死で歩いていたので，歩きながら話すことができなかったのが真相であり，私のことが嫌で怒って話さなかったわけではないとのことだった。申し訳なさそうに話す彼女を見ながら，もちろんそれはわかっていたことを告げるとともに，改めて彼女の人柄の良さを痛感する場面でもあったのである。

同時に，この頃には日常の食べにくさも現れていた。食べにくさは動きにくさの一種とも言えるから十分に予想できることではある。同時に，食事も歩行も日常の基本的動作だから，配慮してその動きから逃れることができない。また，日々生じる動きであることから，いろいろな刺激によって変化しやすいとも言えるので，問題が複雑化しやすい要素がある。彼女は，それまでの経験と，私などとの対話による言語化や状況の整理，対応の蓄積により，独自の工夫をこらしていた。例えば，飲み物の飲み方が速くなってきたことを自身で察知し，休日に飲み物をいくつかのコップに分けて飲みながら行動修正を試みていた。これは，コップの数やそこに注いである飲み物の量の違いを可視化し，飲むという動作パターンを変化させていたと考えられる。また，お皿の中に仕切りがあるものを用いて，少量を仕切りの中に入れるよ

うにしていた。ワンプレートに料理を入れ，それぞれの具材を仕切りの中から一口で食べていく方法を開発し，食べにくくても少しずつ食べられるようにして生活を続けていたのである。同時に，その頃は，箸を数センチしか開かないようにして食べていたようである。これは，ワンプレートで全体の見通しを持ちつつも，具材ごとに「構造化」されたスペースにセパレートすることで，一気に速度を上げて食べてしまわないようにコントロールできるための工夫であったと考えられる。また，箸をできるだけ開かないことで，箸の動きをコントロールできることをねらっていたと考えられる。

Ⅴ　エピソード語り

　本稿は，かなさんと一緒に考えてきたこと，かなさんから教わったことを言語化することに挑戦し，インクルーシブな社会を形成するために，人と人が共に生きるかたちをどのように記述できるのかについて検討することを目的としたものである。

　かなさんの生き様の一端をなんとか表現しようと試みた。そこでは，彼女の苦悩と人柄，能力の高さや発達特性等を表現すると共に，そこで共に生きたいと考える私たち（今回は私しか登場していないが）との関係描写に臨んだ。

　片倉（2009）は本稿で記述した内容と類似した事象について「多動モード解除はプロの条件」「解除原則その1　力抜き」「一度設定された行動の変更や反射の組み替えの困難」「速い動き」「止まると眠る」などの独特の表現で，自らの臨床知見を記述している。それは，エピソード文体ではなく，具体的な記述で説明しているものである。片倉のそれまでの著書（『僕が自閉語を話すわけ』『自閉症なんか怖くない』共に学苑社）では，リアルなエピソードの記述を行っているものも多い。高原（2018）でも，苦戦している発達障害といわれる方々とのつきあいを，リアルな筆致で描写している。

　インクルーシブな社会を形成することは，人と人が共に生きるかたちの探求によって少しずつ少しずつ進むものであると考えられる。誰もが包摂され生きるかたちを探し，つくっていくプロセスだからである。しかし，共に生きるかたちの中で，一人一人の「個」は何を考え，どのように生きているのか。個の視点から生きるかたちを描写することが，インクルーシブを記述することになるのではないか。その際に青山・岩瀬（2019）で示したエピソード語りの原則，体験のどこを切り取るかの検討，ストーリーラインを明確にする，子どもとの関係を記述する，必要な人物が登場する，行動レベルだけではなくて登場人物それぞれの内面の記述も行い，積極的に主観的な記述を行うことがヒントになると考える。また青山（2023）で指摘した，障害のある人が登場するエピソード語りでは，その背景がより複雑な場合があり，必要に応じて関わり手の立場や拠って立つ理論，障害特性に対する知見や技法，関わり方も記述することで，共に生きるかたちを描写できる可能性があることもあわせて指摘したい。

▶文献

青山新吾（2023）エピソード語りで見えてくる「食」と「こころ」の関係—食べたくても食べられない世界を読み解く．日本食生活学会 33-4；171-177.

青山新吾，岩瀬直樹（2019）インクルーシブ教育を通常学級で実践するってどういうこと？．学事出版.

片倉信夫（2009）僕の大好きな自閉症．学苑社.

高原浩（2018）飼い殺しさせないための支援—障害者が自立していくためのリアル．河出書房新社.

[特集] 発達のプリズム──神経発達から多様性の道筋をたどる

〈共に発達を創る〉を実践する

ダイバーシティ

岸磨貴子 Makiko Kishi

明治大学

I　はじめに

2011 年 3 月，シリア危機が起こった。筆者は 2002 年からシリア危機が起こるまで，ダマスカスのヤルムークキャンプ（パレスチナ難民が集住する地域）で教育開発に関する実践と研究を行っていた。職場であった UNRWA（国連パレスチナ難民救済事業機関）の教育開発センターの事務所はミサイルで破壊され，多くの同僚は他国へ避難した。共に教育実践に取り組んだ学校関係の教職員や出会った子どもたちも多くが国外に避難した。幸いにも，SNS 上で彼らとつながっていたため，それを手がかりにし，私は，国外に避難した彼らを追ってヨルダン，トルコ，ギリシャへ渡り，彼らと再会した（2012 年から現在に至る）。

再会した彼らのなかには，力強く生きていた人もいれば，そうでない人もいた。力強く生きていた彼らは，自分たちにあるものに目を向けて，足りないものは，インターネットなど道具を利用したり，人とのネットワークを構築したりして，うまくやっていく環境を自分たちで作り出していた（詳細は，岸・青山（2021）を参照）。一方，そうでない人たちは，支援されることに疲れ，自信を失い，孤立していた。シリアでは生き生きとした姿を見せていた彼らが，そうでなくなってしまったのは，彼らの問題というより，むしろその環境によるところが大きい。そこで，彼らが生き生きと振る舞える環境を作ろうと，さまざまな人や団体がその活動に取り組んでいた。

その具体例として，筆者が調査したギリシャのレスボス島における多文化共生の取り組みを紹介する。レスボス島はギリシャ南部の島で，欧州への入り口として 70 カ国以上の国々から多くの難民が集まってくる。2011 年のシリア危機後は，その多くがシリアからの難民であった。レスボス島では，ホストコミュニティと難民の間に衝突や軋轢が日常的に存在していた。そんななか，2017 年，難民とホストコミュニティの人たちによる舞台演劇が上演された。プロの劇団員を中心として歌，踊り，コメディ，アクロバットなどのパフォーマンスが繰り広げられた。舞台には，難民とホストコミュニティの子どもから大人までさまざまな人たちが参加していた。舞台の上では，難民／ホストコミュニティというカテゴリーは無意味で，舞台を成功するための新たな関係性が作られていた。誰もが，共に舞台を作る一員として，役者として振る舞っていた。彼らは協働して，満席の会場の観客を感動させるパフォーマンスを行った。

舞台は，個々人がうまくやることではなく，いかにグループとしてうまく活動できるかを考えてデザインされていた。たとえば，綱渡りのパフォーマンスでは，子どもたちが綱を引っ張る役をしていたが，もちろん子どもだけでは何人集まっても力が足りず，綱渡りの縄をピンと張ることができない。そこに，体格が大きく力が強そうなイラク人難民の男性が登場する。綱は安定し，綱渡りのパフォーマンスが完成した。その瞬間，会場は，舞台上の子ども，役者そして観客からの大きな歓声と拍手でいっぱいになった。舞台に立った難民の子どもや若者たちは「国を出てからあんなに多くの人に賞賛してもらえたのは初めてで，とても嬉しかった。自分にできることがあるのはとても嬉しい」と述べていた（詳細は岸（2019）を参照）。

この事例は，〈共に発達を創る〉を実践することについて考える上で有用である。本稿における発達の概念は，従来の心理学の定義とは見方が異なる。本稿では，まず，発達に対する新たな見方とアプローチについて概説し，〈共に発達を創る〉実践において重要な概念である多様性について，遊びをメタファにして説明する。そして，多様性の捉え方によっては，発達を創ることもあれば，阻害することもある点について心理学の議論を紹介する。最後に事例を示しながら，〈共に発達を創る〉実践をするための視点を示す。

II　〈共に発達を創る〉とは何か

発達とは何か。『質的心理学辞典』（能智ほか，2018）では「人間という有機体が，生命の発生（受精）から始まる時間の流れのなかで，その構造と機能を不可逆的に形成し，あるいは変化させていく過程」（pp.249-250）と定義されている。従来，発達とは，この定義が示すように個人の変化と捉えられてきた。一方，発達について新たな見方を示したパフォーマンス・アプローチ心理学の提唱者である Lois Holzman（2018）は，発達を集合的で社会文化的・歴史的なものとし，人間の学習と発達が個人の内面ではなく人々が協働で創造し

た場から生まれることを示した。Holzman によると，人間は，社会的地位や役割，与えられた性役割，エスニシティ，ジェンダー，生まれ育った文化などによって制限・制約されるが，それを乗り越える時にも人間は発達する。そして，人間の発達を何かが「できるようになる」結果ではなく，自分とは異なる人物に「なっていく」プロセスとして捉え，そのプロセスにおいてパフォーマンスが有効であることを示した。

パフォーマンス・アプローチ心理学では，人々がいつもと違う振る舞いをしたり，いつもと違う仕方でやってみたりすること，そして，その振りや演じることができるようにする環境を仲間と創ることが発達をもたらすと考える。上述したギリシャの事例でも，人々の発達は，観客を含めその環境を作る人々によって創られていた。本稿における〈共に発達を創る〉とは，そうした環境を創ることを意味し，それは，多様な人々が共に生きるあり方，すなわち，共生の視点にもなる。

〈共に発達を創る〉実践は，ギリシャの事例のように大規模なものだけではなく，小さな規模でも実践されている。たとえば，トルコのソーシャルワーカーらがNGOと連携して行った遊び活動（岸，2022）や，東京芸術劇場（2021）で実施された演劇や音楽を取り入れた多文化共生に向けたアートプログラムなどがある。

III　革命的な遊びと発達

発達を捉える上で，「遊び（play）」の概念は役に立つ。Holzman（2015）は，ロシアの心理学者 LS Vygotsky の考えをもとに，遊びは，人が何者かになっていくやり方，時間，場所となる発達の最近接領域を創造すると述べる。遊びのなかで，人は状況的制約から解放され，今ある自分である（being）だけでなく，同時に今の自分を超えた振る舞い（becoming）をする。Holzman は，遊びを，活動の創造的パフォーマンスであるとし，そのプロセスのなかで，人は，頭一つ分背伸びした自分を振る舞うようになり，それを発達と捉えた。

たとえば，砂場遊びをイメージしてほしい。砂場で子どもＡがひとりで遊んでいる。砂で山を作って遊んでいるとバケツを持ったＢがやってきた。ＡとＢはバケツを見て，砂を入れはじめた。そして砂でいっぱいになったバケツに少し水を入れて，ひっくり返し，バケツ型の山を作り，2人で形を整えていった。すると，クワガタを入れた虫籠を持ってＣがやってきた。Ｃは大きく丈夫な山を見て，クワガタが通れるかな，とつぶやいた。3人は，トンネルを作りはじめた。Ｃが大切にするクワガタが砂に埋もれないように，頑丈にトンネルを作った。クワガタをトンネルの入り口におくが，クワガタはトンネルを通らない。3人は，あらゆる方法を試しながら一緒に遊んだ。

ここでの発達とは何か。それは，Ａ，Ｂ，Ｃが，ひとりでは考えもしなかったことを多様な他者と遊ぶなかで，作りたいもの，やってみたいことのイメージを共構築し，協働しながら活動を創造していったことである。活動の創造プロセスには，既存のものを何か新しいものに作り直すことも含まれる。Ｂがバケツを持ってきたことで，より大きく丈夫な山を作ろうとすることや，Ｃがクワガタを持ってきたことで，クワガタが通れるトンネルを創るといった新たな活動が生まれたように。他者の存在，すなわち，多様性は，人々が頭一つ分背伸びした自分を振る舞えるようになる発達環境を創造するのである。

しかしながら，実際にはケンカになることのほうが多いだろう。Ａ，Ｂ，Ｃがそれぞれやりたいことを主張したり，自分のやりかたに固執したりして，「あれもこれも両方」とは考えず，「あれ」か「これ」かと考えて話す時，結局は，力のある子に他の子たちが従うか，同意できない子は排除されるかもしれない。この観点は，〈共に発達を創る〉実践および共生について考える手がかりになる。

Ⅳ　〈共に発達を創る〉実践を阻害するものは何か

多様性は，〈共に発達を創る〉実践および共生において前提となるが，多様性はなかなか受け入れられないし，協働はそう簡単には起こらない。それは難民とホストコミュニティの共生といったグローバルな問題だけでなく，私たちの日々の生活においても同様である。

私たちの日常生活には多くの境界がある。その境界を作るものは，二元論と因果性である。二元論とは二項対立を意味する用語で，世界を2つに分割し理解する方法である。因果性は，原因と結果の因果関係を特定して理解する方法である。私たちの日常生活には，二元論的，因果性の思考や会話が溢れており，「発達障害があるから」「イスラム教徒だから」「女性なんだから」「子どもらしく」と「あれ」か「これ」といったカテゴリーで見たり，関係づけたりする言説がそれにあたる。日常生活に溢れるこうした二元論的，因果性は，私たちの思考と行動を方向づける。「知ること」は基本的に「何であるのか」ということに結びついており，私たちの新しい可能性を生み出す力や，私たちがコミュニティや世界を変えていこうとする動きを押さえ込むことがある（Holzman, 2018）。実際に，自分，他者，そしてコミュニティに対しても「○○だから」と変化を諦めてしまっていることはないだろうか。また，こうした集団について一般的なカテゴリーは，歴史的に，近代の国家構想における包摂と排除・周縁化の力学，不平等・格差・差別を生み出してきた（岩渕，2021）。

とはいうものの，こうしたカテゴリーはダイバーシティ促進において重要な役割も担っている。ダイバーシティ（多様性）はもともと米国国内におけるマイノリティや女性の差別に対して公正な対応を求める運動から広がった概念で，日本では，経済産業省（2023）を中心に「ダイバーシティ経営」の観点から，多様な人材を，性別，年齢，人種や国籍，障がいの有無，性的指向，宗教・信条，価値観などの多様性だけでなく，キャリアや経験，働き方などの多様性を含むものとして定義されている。こうした二元論的な捉え方は，経済，社会，教育，政治，安全保障においてダイバーシティを促進する上で役に立っている。たとえば，「女性」

の社会参画を促進するための政策を立てたり，「外国人児童生徒」のニーズを把握して授業づくりに反映させたりする。ダイバーシティマネジメント，ダイバーシティ＆インクルージョン経営では，性別，国籍，宗教など多様性を活かして，自社の事業を強化し，企業を成長させていこうとする。安全保障の取り組みでは，画一的集団には死角が生まれるため，「イスラム教徒」の参画を通してマジョリティの集団になかった新たな視点を入れたりする（Syed, 2019）。このようにダイバーシティが促進される背景には，多様な人材を新たな知識や発想の発見につなげるため積極的にリソースとして活用し，経済効果や改善を生み出そうという期待がある。

　多様性を受け入れ活かそうとする動きは，歓迎されるべきではあるが，ダイバーシティ推進には，受け入れやすい差異を選別して管理する手法と結びついている側面もある。岩渕（2021）は，著書『多様性との対話——ダイバーシティ推進が見えなくするもの』で，ダイバーシティ推進が，マジョリティにとって都合よく消費できる文化差異と結びつけて奨励されている現状があることを鋭く指摘している。とはいうものの，画一的な集団のなかに少しでも多様な視点や考えが包摂され，加算されていけば，社会や企業，組織，教育を豊かにすることにつながるのは確かではある。ただし，二元論的な理解は，反して，偏見や差別，分断を生み出すこともある。

　二元論的な理解の問題は，心理学の分野でも長く議論されてきた。Holzman（1996）は，従来の心理学が，集団について一般的な法則を定式化し，それを個人の特性であるかのように示してきたことを痛烈に批判する。ダイバーシティ推進においても，「一人ひとり」の個人を重視する姿勢を示すものの，ジェンダー，LGBT/SOGI（性的志向と自認），障がい，エスニシティ／人種，宗教，言語，政治，経済的な背景，年齢などカテゴライズされた集団のひとりとして見られがちである点に注意が必要である。

Ⅴ　〈共に発達を創る〉を実践するために

　ダイバーシティという言葉は，メディアでも多く取り上げられ，日常においてもよく耳にするようになったが，それを批判的に捉え，多様性を〈共に発達を創る〉観点から捉えることで，共生についての理解を進めることもできるだろう。共生とは〈共に発達を創る〉実践であり，認知的にその多様性を理解することだけでなく，多様性から新たな見えや解釈，価値や意味を全体的に生み出していくことである。そうした実践は，異種混淆の人々と協働するグローバル企業（たとえば，Salit, 2016）や，探究学習やSTEAMなどの教育（Martinez, 2017；奥村ほか，2022）など多様性から新たな価値や意味を創造しようとする場で，広く取り組まれている。

　Holzman（2015）は，二元論的，因果性の思考を超えていく実践的アプローチとしてインプロ（即興演劇）を紹介している。インプロのように，〈共に発達を創る〉実践を身近に取り組める事例として，筆者のゼミナールでの取り組みを最後にひとつ紹介する。筆者のゼミナールでは，〈共に発達を創る〉実践のため，パフォーマンス・アプローチ心理学を土台としたアートベース・リサーチ（Leavy, 2020）を実践している。そのひとつに，自分の人生を共同でアート表現する活動がある。その活動の目的は，自分の物語を他者に語るだけでなく，オーディエンスでもありその物語の共同構築者でもある他者の言葉を取り入れながら自分の人生について新たな意味を生成することである。

　まず，ゼミ生らは，自らの人生（過去，現在，未来）についてメタファを作り，それを手がかりとし自分の人生を物語る。たとえば，学生Ｘ（男性，4年生）は，過去を「一本道を走る各駅電車」，現在を「荒波に揉まれる一艘の小舟」，未来を「広い大空を飛ぶ大鷹」と表現して物語を作った。そして，グループ（またはペア）のメタファを取り入れて自分の物語を再構築した。学生Ｘは，ペ

アの「たんぽぽの綿毛」「ピーターパン」「豪雨を受け続ける道路」のメタファを取り入れて新たな意味作りを始めた。以下は X の過去についての物語である。なお，新たに生成された部分を下線で示す。

　　過去の僕はまるで
　　一本道を走る各駅電車のようだった。
　　快速でも鈍行でもなく，
　　はたまた分岐点があるわけでもなく，
　　誰に敷かれたわけでもない架空のレールの上を，
　　何の疑いもなく走ってきた。
　　その一本道が正解なのだと信じながら。
　　人生におけるステージを
　　一つ一つ着実に各駅停車しながら，
　　機械的にただ走るその電車は自分にとって
　　本当の意味での正しい終着駅に
　　向かっていたのだろうか。
　　誰もが正しいと思えるような
　　一本道を進みながらも，
　　僕はたんぽぽの綿毛のように，
　　実は色んな場所に寄り道しながら
　　ただふわふわと
　　空を舞っていたかったのかもしれない。
　　自分のこれからの明るい未来に
　　思いを馳せながら，
　　現実味のないふわふわした妄想を
　　繰り広げていたあの頃の僕は，
　　もっと現実においても寄り道をしていても
　　よかったのではないだろうかと思うのである。

　この実践を通して学生は「**自分も想像もしていなかった自分の気持ちや考えや生まれてきた**」「**（共同での）表現から意味が生まれる体験をした**」「**自己や他者を理解する枠を広げる体験をした。自分ひとりでは作れなかった**」と振り返り，対話を通していつもと違う自分に「なっていく」経験をしていたことがわかる。
　〈共に発達を創る〉を実践するとは，このように発達を可能にする環境を協働的に創造し続けることである。そうした環境は，誰かが創ってくれ

るものでも，自分一人で創るものでもない。私たち一人ひとりが，誰かと協働しながら創りあげていくものなのである。

▶ 文献

Holzman L（1996）Unscientific Psychology : A Cultural-Performatory Approach to Understanding Human Life by Fred Newman. Praeger Pub Text.（茂呂雄二 編訳（2023）パフォーマンス・アプローチ心理学．ひつじ書房）

Holzman L（2015）Vygotsky at Work and Play. Routledge.（茂呂雄二 訳（2015）遊ぶヴィゴツキー．新曜社）

Holzman L（2018）The Overweight Brain : How Our Obsession with Knowing Keeps Us from Getting Smart Enough to Make a Better World. East Side Institute Press.（岸磨貴子，石田喜美，茂呂雄二 編訳（2020）知識偏重社会への警鐘─「知らない」のパフォーマンスが未来を創る．ナカニシヤ出版）

岩渕功一（2021）多様性との対話─ダイバーシティ推進が見えなくするもの．青弓社．

経済産業省（2023）ダイバーシティ経営の推進（https://www.meti.go.jp/policy/economy/jinzai/diversity/index.html ［2023 年 8 月 1 日閲覧］）．

岸磨貴子（2019）難民と子どもの支援．心と社会 50-2；91-98.

岸磨貴子（2022）遊びを通して拓く共生の場のデザイン─難民支援を行うトルコの NGO を事例として．第 30 回一般社団法人放送番組国際交流センターオンライン国際シンポジウム報告書，pp.40-54.

岸磨貴子，青山雅彦（2021）学びを支え，つながりをつくる環境としての ICT─難民のインターネット利用の分析から．第 29 回一般社団法人放送番組国際交流センターオンライン国際シンポジウム報告書，pp.14-26.

Leavy P（2020）Method Meets Art : Arts-Based Research Practice. 3rd Ed. Guilford Press.

Martinez JE（2017）The Search for Method in STEAM Education（Palgrave Studies in Play, Performance, Learning, and Development）. Palgrave Macmillan.

能智正博ほか 編著（2018）質的心理学辞典．新曜社.

奥村高明，有元典文，阿部慶賀（2022）コミュニティ・オブ・クリエイティビティ．日本文教出版.

Salit CS（2016）Performance Breakthrough : A Radical Approach to Success at Work. Hachette Books.（門脇弘典 訳（2016）パフォーマンス・ブレークスルー──壁を破る力．徳間書店）

Syed M（2019）Rebel Ideas : The Power of Diverse Thinking. John Murray.（マシュー・サイド（2021）多様性の科学．ディスカヴァー・トゥエンティワン）

東京芸術劇場（2021）2021 年度多文化共生に向けたアートプログラム記録集.

🔖 ［特集］発達のプリズム──神経発達から多様性の道筋をたどる

［コラム3］セクシュアリティのフィクションとリアル

『マトリックス』から見る性の発達

日野 映 Hayuru Hino

仙台市スクールカウンセラー

I　はじめに

「前にもこんな経験をしたわ／うまくごまかせたのに／もっと欲しいの──」

1999 年公開，映画『マトリックス』の冒頭，主人公のネオが流している Massive Attack "Dissolved Girl" の一節である。

数年前，私はあるネット記事を目にした。「『マトリックス』はトランスジェンダーの物語だった」。そこには監督を務めたアンディ＆ラリー・ウォシャウスキー兄弟は出生時に指定された身体的性別と自認する性別が異なるトランスジェンダーであり，現在は性別適合手術を受け，ラナ＆リリー・ウォシャウスキー姉妹として活動していること，そして『マトリックス』は当時時代的限界から直接的には描かなかったが，実は「トランスジェンダーの寓話」であったことが書かれていた。確かに再鑑賞してみると，これはトランスジェンダーの，いや，暗喩的に表現したゆえもっと広く，ネオという主人公の成長譚として描かれる人間のセクシュアリティ（性のあり方）の形成を描く物語である。

II　セクシュアリティはマトリックス構造？

主人公のネオは，昼間は平凡な会社員トーマス・アンダーソンとして，夜は天才ハッカーのネオとして生きている。"Dissolved Girl" の歌詞が表すように，ネオは何か真実を，自分の本当の気持ちをごまかしながら生きているような違和感を抱き日々を過ごしていた。そんなネオの前にモーフィアスとトリニティら謎の集団が現れる。そこでネオは，これまで生きてきた世界が「マトリックス」という仮想空間であるという衝撃の事実を告げられる。現実の世界は人工知能を持った機械たちが人類を支配するディストピアだったのだ。そこでは人間は機械を動かすエネルギーとして栽培され管理される存在となっていた。機械は人間をカプセルで寝たきりにさせ，「マトリックス」という仮想空間を夢見させることで，人類の効率的な栽培と管理を可能にしていた。そしてモーフィアスはネオが人類を機械の支配から解放する救世主であると告げる。

私たちもネオが感じているような，自分の本当の姿をごまかして生きているような違和感を抱いたことが，一度ならずあるはずだ。モスラに憧れていたのにゴツゴツのゴジラ人形をプレゼントされた時，ブルーが好きなのに必ずピンクの小物が割

り当てられる時，周りに合わせて慌てて一人称を「オレ／ワタシ」に変えた時のあの違和感だ。自分の意思とは関係なく，何か大きな規範に合わせざるを得ないあの瞬間である。実は私たちの個人的で小さな世界の裏には，密かに私たちの言動や指向を方向づけ管理する，見えない大きな世界がある。「文化」「社会システム」「言説」，言い方はいろいろとあるだろう。この大きな世界は人類の効率的な発展と管理を目的に駆動しており，私たちの個人的な小さな世界をその目的に方向づける見えないルールを設定している。こうした大きな世界が持つパワーをフーコー（1976）は「生－権力」と呼んだ。生－権力は特にセクシュアリティの領域に顕著に現れるという。なぜならセクシュアリティは人間にとって根源的なものであるため，人々を管理するためには外せない領域だからだ。そのため，セクシュアリティの領域には特に，大きな世界によって設定されたさまざまなルールが存在する。例えば数ある身体部位の中から外性器を抜き出し，その特徴を基に形成される「男」と「女」という区分や，それに基づき「女らしい／男らしい」役割を課し，それぞれが番になり再生産を行うことを良しとする価値観などだ。私たちは大きな世界が設定したこれらのセクシュアリティに関する見えないルールの中で生きることを強いられ，管理されている。まさに『マトリックス』である。そして私たちはこの見えないルールと衝突しその存在を知覚する時，この世界やそこで生きる自分自身が違和感を抱くのだ。

　ここで重要なのは，性別という区分を含めたセクシュアリティに関するルールは本来的に，自我異和的なものであるということだ。

III　フィクションの実体化

　では私たちはこの自我異和的なルールをいかに取り入れていくのだろうか。

　人間は自身の性別を3～4歳頃で自認するようになるという（大滝，2016）。しかし子どもはある日急に「自分は男の子だ！」と悟るわけではない。ゆっくりと見えないルールに順応していくのだ。

　幼児の性別自認過程を研究した大滝（2016）によると，子どもの世界に性別で区分するというルールを持ち込むのは，養育者や保育者である。養育者や保育者は日々の関わりを通して「女の子／男の子」といった性別区分や，「ちゃん（＝女子）／くん（＝男子）」などの性別記号を提示していく。そして子どもたちはこの性別区分や性別記号のルールを積極的に利用するようになる。なぜなら，そのルールは使い勝手がいいからだ。信頼できる安全な仲間を集めるには「同性」という共通点を利用する方が効率的だし，皆に人気のロボットの玩具で遊びたい時は「ロボットは男の子の玩具」という規範を利用してライバルを減らした方がいい。その結果，子どもたちは大人から持ち込まれたセクシュアリティに関するルールを互いに提示し合い，自らの性別や性役割に自覚的になっていく。こうして，大人によって持ち込まれた実態のないルールを，あたかも人間に宿命づけられた絶対的なルールであるかのように子どもたちは認識していく。

　このように大きな世界が設定した見えないセクシュアリティに関するルールが実体化し，人間には本質的，絶対的なルールであるかのように構築されていく作用を，バトラー（1999）は「パフォーマティヴィティ」と概念化している。バトラーは，実際には明確に区分することができない生物学的な性別区分（セックス）が，社会的文化的に形成された性別区分（ジェンダー）の継続的利用によって，まるで人類に運命づけられた本質的で絶対的な区分であるように構築されていく過程を説明する概念として，パフォーマティヴィティを論じている。つまり，セクシュアリティに関するルールの本質はやはりフィクションということだ。

　ところで『マトリックス』にはエージェントという敵役が出てくるが，エージェントと言えば，ネオを過剰に「Mr. Anderson」と呼ぶのが印象的だ。まさにあれは，この世界には「Mr/Mrs」で区別するルールが存在し，ネオは「Mr」に分類されるということを刷り込む，まさにパフォーマティヴィティの実体化作用を擬人化したようなキャラクターだ。

　いずれにせよ人は本来自我異和的であった性別区分などのセクシュアリティのルールに利用可能性を見出し，取り入れていく（トランスジェンダーの場合はより建前的な引き受けであるが）。しかし，やはりそれは本質的にマトリックス，フィクションなのである。

Ⅳ　何がリアルか

　とはいえ，これまで自明だと思っていた自らのセクシュアリティが，フィクションの上に成り立っていたという結末では虚しい。私たちは自らのセクシュアリティを自らの手で再建しなければならない。性は人間の根源的な要素なのだから，やはりそこに確かさがなければ人生はたちまち虚しいものとなる。ネオも同様に，自分の生きてきた世界が虚構であり，現実世界では救世主としての役目があると伝えられてから，“本当の自分は一体何者なのか？”と葛藤する。そんなネオに賢人の「預言者」がアドバイスを与える。「救世主であるということは恋をすることと同じ」。なるほど，誰に恋し，誰を欲望するのか（もしくは選択的に恋をせず欲望しないのか），こればかりは外部から押し付けられるものではなく，自分の内部から生まれてくるもののはずだ。

　LGBTQIA＋の人の多くは，自身のセクシュアリティを決定的に悟った瞬間として恋愛経験を挙げる。トランスジェンダー男性当事者である勝又（2022）の語りには，初めて彼女ができた時に「男」であることを実感したことが綴られている。愛情が女性に向いた時，「男性」としての彼が立ち上がってくる。ラナ・ウォシャウスキーもパートナーとの出会いを通して自身がトランスであることを確信したとインタビューで述べている。LGBTQIA＋に限らずシスジェンダー／ヘテロセクシュアル（解剖学的な性別と性別の自認が一致する異性愛者。典型的なセクシュアリティ）でも，恋愛を通して自らのセクシュアリティの確かさを感じるだろう。恋愛にはその愛情を向ける目標，相手がいるという確かさが必要だ。その確かさが「私」の確か

さを補完する。他者に性的欲求を抱かないアセクシュアルや，他者に恋愛感情を抱かないアロマンティックもまた，相手に，他者に性的欲求や恋愛感情を抱かないという確かさを経験して自らの志向性に気付いていく。そもそもセクシュアリティとは他者のセクシュアリティとの関係性の中で同定される相対的なものなのだ。自分とは異なる属性と出会い比較されることを通して，初めて自分の属性の特徴が浮かび上がってくる。そしてネオも，愛し合う相手と出会った時に，『マトリックス』の世界においても現実の世界においても救世主という一貫した「私」を獲得することができる。

　セクシュアリティというものは複雑な現象である。何がフィクションで，何がリアルなのかわからない。先に述べた通り，その始まりがそもそも外から設定されるフィクションである。そして遅かれ早かれいつか違和感を抱く。それは「ブルーが好きなのにピンクの小物を渡される」という些細な違和感かもしれないし，性別違和のような決定的な違和感かもしれない。マトリックスの存在に気づく目覚めの瞬間である。そうした中で，私たちはネオと同様に，他者とのリアルな関係を通して，フィクションではない確かな自分のセクシュアリティを再度構築していくのだ。セクシュアリティの発達は独立した個人内でリニアに進み形成されるものではなく，行きつ戻りつ揺らぎながら，他者との関係性の中で構築されていくものだと言えるだろう。

▶文献

Butler J (1999) Gender Trouble : Feminism and the Subversion of Identity. New York, NY : Routledge.（竹村和子 訳（2018）ジェンダー・トラブル―フェミニズムとアイデンティティの攪乱．青土社）

Foucault M (1976) Histoire de la sexualité, tome I : La volonté de savoir. Gallimard.（渡辺守章 訳（1986）知への意志―性の歴史Ⅰ．新潮社）

勝又栄政（2022）親子は行きづらい―"トランスジェンダー"をめぐる家族の物語．金剛出版．

大滝世津子（2016）幼児の性自認―幼稚園児はどうやって性別に出会うのか．株式会社みらい．

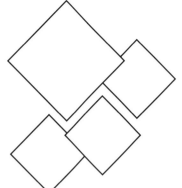

臨床心理学

Vol.23 No.4（通巻136号）[特集] 「恥」は敵か？ 味方か？——生きづらさ・傷つきの根源

★ 好評発売中 ★

❋ 欠号および各号の内容につきましては，弊社のホームページ（https://www.kongoshuppan.co.jp/）に詳細が載っております。ぜひご覧下さい。

❋ B5判・平均150頁 ❋ 隔月刊（奇数月10日発売） ❋ 本誌 1,760円・増刊 2,640円／年間定期購読料 13,200円（10％税込）※年間定期購読のお申し込みに限り送料弊社負担

❋ お申し込み方法 書店注文カウンターにてお申し込み下さい。ご注文の際には係員に「2001年創刊」と「書籍扱い」である旨，お申し伝え下さい。直送をご希望の方は，弊社営業部までご連絡下さい。

❋「富士山マガジンサービス」（雑誌のオンライン書店）にて新たに雑誌の月額払いサービスを開始いたしました。月額払いサービスは，雑誌を定期的にお届けし，配送した冊数分をその月ごとに請求するサービスです。月々のご精算のため支払負担が軽く，いつでも解約可能です。

 金剛出版
〒112-0005 東京都文京区水道1-5-16 URL https://www.kongoshuppan.co.jp/
Tel. 03-3815-6661 Fax. 03-3818-6848 e-mail eigyo@kongoshuppan.co.jp

原著論文

心理専門職の職業倫理教育経験と職業倫理に関する
自己評価との関連の検討

慶野遥香

筑波大学人間系

　本研究の目的は，日本の心理専門職の職業倫理に関する学習経験の現状を明らかにし，属性変数および職業倫理に関する自己評価との関連を検討することである。公認心理師または臨床心理士の資格保持者372名を対象に，オンラインフォームによる質問紙調査を実施した。経験年数の浅い回答者ほど，大学・大学院で職業倫理教育を受けている比率が高く，心理専門職の養成課程において倫理教育が重視されるようになってきていることが示唆された。職業倫理に関する自己評価（「職業倫理の知識」および「倫理的困難への対処の自信」）は，実践経験や卒後の教育および学習の経験とは関連が見られた一方で，大学・大学院における職業倫理教育の経験とは有意な関連が見出されなかった。倫理的資質の測定方法を開発し，職業倫理教育の効果を詳細に検討していくことが今後の課題と考えられた。

キーワード：心理専門職，職業倫理，倫理教育

臨床へのポイント ・・

- 心理専門職は，臨床経験の中で長い年月をかけて徐々に職業倫理の知識や倫理的困難への対処の自信を高めていく。大小さまざまな倫理的困難に実際に対処する経験が，これらの向上につながっていると考えられる。

- 若い世代ほど大学・大学院で職業倫理教育を経験している者が多く，教育の体制は充実してきているが，その経験は現在の職業倫理に関する自己評価には十分つながっていない可能性がある。

- 実務経験と並行した職業倫理教育や学習は，職業倫理に関する自己評価の高さと関連が見られた。特に，倫理研修会やカンファレンスなど，さまざまな機会を持つことが役に立っている。

・・・

Japanese Journal of Clinical Psychology, 2023, Vol.23 No.5 ; 579-588
受理日──2023 年 2 月 22 日

Ⅰ　問題と目的

　現在，我が国では心理の専門職の存在は広く認知されるようになり，2019年には初めての国家資格である公認心理師の資格登録者が誕生した。2022年3月末時点でその数は5万4,248名を数え，それまで国内最大の心理系資格であった臨床心理士の人数（3万9,576名；2022年4月1日時点）を上回っている。

　心理専門職に限らず，専門職には専門とする領域の知識や技術と共に，職業倫理が必要とされる。職業倫理は，“職業集団において，その成員間の行為や，その成員が社会に対して行う行為の善悪を判断する基準としてその職業集団内で承認された規範”（金沢，2006）と定義される。我が国でも，1980年代後半から倫理に関する調査（田中，1988）や倫理綱領の作成が始まり，現在では公認心理師も含め，多くの心理系職能団体や学術団体で倫理綱領やガイドラインを制定，公表している。業務に当たる心理専門職や，養成課程の学生は，これらに書かれている指針をまずは知識として習得することが求められるが，複雑かつ個別性の高い実践の場では，規則の適用だけでは解決できない倫理的ジレンマや困難な状況がしばしば起こる。金沢（2004）は，海外の研究では職業倫理についての知識が実際の行動に結びつくとは限らないことが示さ

れており，適切な倫理的意思決定プロセスの習得が，職業倫理に関する教育や啓発において必要であると述べている。

　海外の場合，例えば米国の心理専門職（clinical psychologist）は博士課程での養成が基本となっているが，APAの認定する博士課程においては，1979年から職業倫理や法律についての学習が要求されるようになった（Bache, Anderson, Handelsman, & Klevansky, 2007）。APAの認証を受けた大学院プログラムの教員を対象とした調査を行ったRodriguez, Cornish, Thomas, Forrest, Anderson, & Bow（2014）によれば，1993年には64％，Rodriguezらの調査時点では95.6％のプログラムにおいて，倫理の授業が必修科目になっていることや，その多くで講義やディスカッション形式によって，さまざまな問題領域やガイドラインを教えていることが明らかにされた。また，Dailor & Jacob（2011）はアメリカのスクールカウンセラーを対象に調査を行い，養成課程で倫理教育をどの程度受けてきたか，また，その結果と倫理的ジレンマに対する準備性との関連がどの程度あるか検討した。その結果，全体の90％が「大学院での倫理の講義」，「複数の大学院講義での倫理指導」，「実習やインターンシップで扱われる倫理」の少なくとも1つを受けており，3種類すべての教育を受けた回答者は24％に及んでいた。この24％の回答者を「マルチレベルの教育」を受けた群とし，倫理的問題への準備性との関連を検討したところ，マルチレベルの教育を受けた群は，「非常によく準備ができている」と答えた者が多いことが示された。つまり，養成課程で充実した倫理教育を受けていることが，倫理的問題へ適切に対処するためには重要であると考えられる。

　一方我が国では，臨床心理士の養成に関して，職業倫理の関連する科目を必須とすべきという議論もあったものの（大学院カリキュラム委員会，2001），「臨床心理士受験資格に関する大学院指定運用内規（公益財団法人日本臨床心理士資格認定協会，2013）」に示された授業科目の中には「倫理」を標榜したものは含まれておらず，各大学の裁量に任される形となっている。実際に倫理教育がどの程度行われているかについては，日本心理臨床学会倫理委員会（2006）が臨床心理士指定大学院を対象に行った調査において，「『倫理』を標榜した科目」があると答えたのは全体の4.1％であり，「特論（特講）等で必ず1コマ以上は倫理のテーマを取り上げる」が全体の7割近くを占めた。教育を受ける側である臨床心理士を対象とした調査においても，「職業倫理のみを扱う講義」の経験がある者が6.96％，「職業倫理をテーマに含む講義」が12.03％，「学習する機会がなかった」が23.42％と，やはり米国と比べて倫理教育の経験が少ないことが示されている（慶野，2013）。ただ，この調査は2009年に行われたものであり，その後状況が変化している可能性も考えられる。

　また，職業倫理教育の効果に関して，金沢（2002）は，大学生とカウンセリングを学ぶ社会人を対象に架空事例を用いた授業を行い，その事前事後の比較から，講義によって法律や職業倫理を重視した視点が獲得されることを示しているが，Dailor & Jacob（2011）のような，心理専門職自身の職業倫理に関する自己認識との関連を検討した研究は我が国では行われていない。欧米のような一定水準の職業倫理教育が整っていない我が国では，講義だけでなく，カンファレンスやスーパービジョン等の臨床トレーニングの場も含めて，職業倫理に関して教育や学習の経験をどの程度持ってきたかには個人差があると考えられる。今後の職業倫理教育のあり方を考えていく上でも，そうした経験が職業倫理に関する知識や意思決定の力にどのように影響しているかを明らかにすることは重要である。

　以上を踏まえ，本研究では，日本の心理専門職の職業倫理に関する学習経験の現状を明らかにし，臨床経験年数および職業倫理の知識や意思決定に関する自己評価との関連を検討することを目的とした。なお，倫理的意思決定プロセスとは，その状況における適切な方策を決定する段階だけでなく，決定した方策の実行や評価も含む一連の対処のプロセスを指す（金沢，2006 ; Knapp, VandeCreek, & Fingerhut, 2017）。ただ，倫理的意思決定という用語は臨床現場で十分には浸透しているとは言い難く，この点が伝わりにくい可能性を考慮して，本研究においては「倫理的困難への対処の自信」という指標として検討を行うこととした。

II　方法

1　調査概要

　2020年10月から2021年3月にかけて，ウェブフォームを用いたオンライン質問紙調査を行った。調査対象者は公認心理師または臨床心理士の資格保持者で，eメールを通じた縁故法，および都道府県の公認心理

師および臨床心理士の職能団体等に協力を依頼し，承
諾を得た団体のメーリングリストや掲示板等を通じて
回答の協力を呼びかけた。また，調査に先立ち筑波大
学人間系倫理委員会の倫理審査の承認（課題番号：筑
2020-121A）を得た。

2　調査項目

　本研究の調査で用いた質問項目は以下の通りであ
る。
　a）職業倫理の学習経験。慶野（2013）を基に，臨
床心理士および公認心理師の養成カリキュラムも参考
にしながら筆者が以下の項目を作成し，複数選択可の
選択式とした。なお，表1および以下ではカッコ内の
通り表記する。大学・大学院は「タイトルに『倫理』
が含まれる講義を受けた（倫理を冠した講義）」「タイ
トルには入っていないが，職業倫理を扱う講義を受け
た（倫理を扱う講義）」「カンファレンスやスーパービ
ジョンの中で，教員が触れることがあった（カンファ・
SV）」「職業倫理について書かれた書籍を読んだ（倫
理についての書籍）」「大学・大学院で職業倫理につい
て学習する機会はなかった（学習経験なし）」「該当す
る大学・大学院の課程を出ていない（該当課程を出て
いない）」の6項目である。業務開始後の学習経験は，
「タイトルに『倫理』が含まれる研修会等に出席した（倫
理研修会）」「タイトルには入っていないが，職業倫理
を扱う研修会等に出席した（倫理を扱う研修会）」「カ
ンファレンスやスーパービジョン，個別的な相談の中
で，職業倫理の話題が出ることがあった（カンファ・
SV・個別相談）」「職業倫理について書かれた書籍を
読んだ（倫理についての書籍）」「業務を始めてから，
職業倫理について学習する機会はない（学習経験な
し）」の5項目である。
　b）職業倫理の知識に関する自己評価。「ご自身に
ついて，職業倫理のことをどの程度知っていると感じ
ていらっしゃいますか」という教示文に対し，7段階
のリッカート尺度とした。
　c）倫理的困難への対処の自信に関する自己評価。「ご
自身について，今後もし倫理的困難を経験した場合，
うまく対処できるという自信はどの程度ありますか」
という教示文に対し，7段階のリッカート尺度とした。
　d）フェイスシート項目として，性別，心理支援業
務の経験年数，所持資格を尋ねた。

3　回答者およびその属性

　調査フォームに回答した394名のうち，①「調査に
回答するのは初めて」，②「臨床心理士と公認心理師
のいずれかの資格を所持している」のどちらか1つで
も「いいえ」と答えた22名を除外し，372名を分析
の対象とした。前述のように，縁故法やメーリングリ
ストを通じて調査依頼を行ったため，回答率は不明で
ある。性別は男性104名，女性256名，無回答12名，
全体のうち309名が公認心理師と臨床心理士の双方の
資格を保持しており，臨床心理士のみが28名，公認
心理師のみが34名，無回答1名であった。また，58
名がこの2つ以外の何らかの資格を保持していた。

4　学習経験の回答によるグループ分け

　分析に当たっては，大学・大学院や業務開始後の学
習経験の回答を基に，以下のような方法でグループ分
けを行った。
　まず，職業倫理の講義や倫理研修会など，いわゆる
倫理「教育」を受けているか（「倫理教育の経験」）に
ついては，大学・大学院の学習経験のうち「倫理を冠
した講義」「倫理を扱う講義」のいずれかを「あった」
とした者，業務開始後の学習経験のうち「倫理研修
会」「倫理を扱う研修会」のいずれかを「あった」と
した者を「教育経験あり」とみなし，大学・大学院と
卒後の双方が「あった」の者を「両方経験」群（N＝
153），どちらか片方のみ「あった」の者を「大学・大
学院のみ」群（N＝67）と「卒後のみ」群（N＝87），
いずれも「なかった」の者を「経験なし」群（N＝
65）に振り分けた。
　次に，カンファレンス等での機会学習や自学も含め
た「学習経験」について，以下のようにグループ分け
を行った。大学・大学院に関しては，「倫理を冠した
講義」「倫理を扱う講義」のいずれかを「あった」と
したものは，「講義あり」とした。「カンファ・SV」
で「あった」と答えたものは，「カンファ等あり」と
した。その上で，講義とカンファの双方「あった」の
回答者は「講義＆カンファ等」群（N＝134），いずれ
か一方のみ「あった」であった回答者は「講義のみ」
群（N＝86）と「カンファ等のみ」群（N＝70），それ
らに該当しなかった回答者は「経験なし・その他」群（N
＝82）とした。業務開始後の学習経験についても，同
様の基準で「研修会＆カンファ等」群（N＝141），「研
修会のみ」群（N＝99），「カンファ等のみ」群（N＝

表1 職業倫理に関する学習経験

| | 全体 | 臨床経験年数 | | | χ² | p 値 |
		10 年未満	10 ～ 20 年	20 年以上		
回答者数	372	128	164	79		
	人数（%）	人数（%）	人数（%）	人数（%）		
大学・大学院の学習経験						
倫理を冠した講義	84 （22.58）	38 （29.69）	32 （19.51）	13 （16.46）	6.31	.043
倫理を扱う講義	159 （42.74）	69 （53.91）	72 （43.90）	17 （21.52）	21.17	< .001
カンファ・SV	204 （54.84）	73 （57.03）	100 （60.98）	31 （39.24）	10.51	.005
倫理についての書籍	144 （38.71）	54 （42.19）	59 （35.98）	30 （37.97）	1.19	.553
学習経験なし	54 （14.52）	8 （6.25）	24 （14.63）	22 （27.85）	18.32	< .001
該当課程を出ていない	21 （5.65）	6 （4.69）	5 （3.05）	10 （12.66）	9.57	.008
業務開始後の学習経験						
倫理研修会	178 （47.85）	42 （32.81）	81 （49.39）	54 （68.35）	25.07	< .001
倫理を扱う研修会	127 （34.14）	36 （28.13）	58 （35.37）	32 （40.51）	3.60	.166
カンファ・SV・個別相談	220 （59.14）	66 （51.56）	97 （59.15）	56 （70.89）	7.54	.023
倫理についての書籍	163 （43.82）	41 （32.03）	76 （46.34）	45 （56.96）	13.2	.001
学習経験なし	33 （8.87）	21 （16.41）	9 （5.49）	3 （3.80）	13.8	.001

79），「経験なし・その他」群（$N=53$）の4つに分類した。

III 結果

1 職業倫理に関する学習経験

　回答者全体と臨床経験年数（10年未満，10～20年，20年以上）の群ごとに，大学・大学院と業務開始後の職業倫理に関する学習経験のそれぞれの項目を「あった」と答えた人数と，グループにおける比率をまとめた結果を表1に示す。この設問は複数選択可であったため，各項目の人数の合計と，グループ全体の人数は一致しない。

　各項目について，「あった」「なかった」と回答した比率が臨床経験年数によって差があるかを検討するため，カイ二乗検定を行った。$χ²$値は表1に記載した通りで，自由度はいずれも2である。大学・大学院での学習経験は，「倫理について書かれた書籍」を除いて5％水準で有意な群間の差が示された。グループごとの人数について，調整済み残差の絶対値が有意水準0.05の1.96を超えることを基準とし，全体平均との差が見られたものを以下に示す。「倫理を冠した講義」は，10年未満の群で残差2.5と全体の比率よりも高かった。「倫理を扱う講義」は，10年未満が残差3.2と高く，20年以上が残差−4.3と低かった。「カンファやSV」は，10～20年の群が残差2.1と高く，20年

以上の群が残差−3.2と低かった。「学習経験なし」は，20年以上が残差3.8と高く，10年未満が残差−3.3と低かった。「該当する課程を出ていない」は20年以上が残差3.0と高かった。

　業務開始後の学習経験の各項目については，「倫理を扱う研修会」を除き，有意な群間差が示された。調整済み残差の絶対値が1.96を超え，全体平均と差があると考えられたのは，以下の通りである。「倫理研修会」は10年未満の群が−4.2と低く，20年以上が4.1と高かった。「カンファ・SV・個別相談」は10年未満が−2.1と低く，20年以上が2.4と高かった。「倫理について書かれた書籍」は，10年未満が−3.3と低く，20年以上が2.7と高かった。「学習経験なし」は10年未満が3.7と高く，20年以上が−2.1と低かった。

2 経験年数および倫理教育の経験と職業倫理に関する自己評価との関連

　職業倫理に関する自己評価と関連する要因を探るために，経験年数と倫理教育の経験を独立変数，職業倫理の知識，倫理的困難への対処の自信を従属変数として，二元配置分散分析を行った。各グループの平均値と分散分析の結果を表2，表3に示す。

　職業倫理の知識に関しては，経験年数の主効果は$F_{(2, 359)}=8.029$で，1％水準で有意であった。多重比較（Tukey HSD）を行ったところ，すべてのグルー

表2　職業倫理の知識，倫理的困難への対処の自信の属性ごとの平均値

経験年数（度数）	10年未満（128）		10〜15年（164）		20年以上（79）		合計	
	平均	標準偏差	平均	標準偏差	平均	標準偏差	平均	標準偏差
職業倫理の知識	4.38	1.171	4.73	1.093	5.38	1.113	4.74	1.178
倫理的困難への対処の自信	3.51	1.17	4.03	1.105	4.41	1.149	3.93	1.182

倫理教育経験（度数）	両方経験（153）		大学・大学院のみ（67）		卒後のみ（87）		経験なし（65）	
	平均	標準偏差	平均	標準偏差	平均	標準偏差	平均	標準偏差
職業倫理の知識	4.86	1.035	4.33	1.353	5.05	1.109	4.51	1.252
倫理的困難への対処の自信	3.91	1.234	3.58	1.22	4.18	1.147	3.91	.98

表3　二元配置分散分析の結果

職業倫理の知識

教育経験	両方経験			大学・大学院のみ			卒後のみ			教育経験なし		
経験年数	10年未満	10〜20年	20年以上	10年未満	10〜20年	20年以上	10年未満	10〜20年	20年以上	10年未満	10〜20年	20年以上
平均	4.59	4.86	5.52	4.1	4.61	5	5	4.69	5.49	4	4.54	5.06
標準偏差	1.027	1.046	0.73	1.355	1.373	0.816	0.816	1.07	1.095	1.124	0.999	1.56
度数	58	71	23	40	23	5	10	42	35	20	28	17

検定結果　　　　　　　　　　　　　　　　多重比較（Tukey HSD）

経験年数　　　　$F(2, 359)=8.029$　$p<.01$　　すべてのグループ間で年数が多い群が有意に高い

教育経験　　　　$F(3, 359)=3.595$　$p=.014$　　両方経験＞大学・大学院のみ，卒後のみ＞大学・大学院のみ，卒後のみ＞教育経験なし

経験年数＊教育経験　　$F(6, 359)=.588$　　$n.s.$

倫理的困難への対処の自信

教育経験	両方経験			大学・大学院のみ			卒後のみ			教育経験なし		
経験年数	10年未満	10〜20年	20年以上	10年未満	10〜20年	20年以上	10年未満	10〜20年	20年以上	10年未満	10〜20年	20年以上
平均	3.5	4.15	4.43	3.38	3.96	3.5	3.9	3.93	4.57	3.6	3.93	4.24
標準偏差	1.301	1.117	1.121	1.192	1.261	1	0.994	1.113	1.145	0.754	0.94	1.2
度数	58	71	23	40	23	4	10	42	35	20	28	17

検定結果　　　　　　　　　　　　　　　　多重比較（Tukey HSD）

経験年数　　　　$F(2, 359)=4.763$　$p<.01$　　すべてのグループ間で年数が多い群が有意に高い

教育経験　　　　$F(3, 359)=1.476$　$n.s.$

経験年数＊教育経験　　$F(6, 359)=.787$　　$n.s.$

プ間で年数が多い群のほうが有意に高い結果となった。教育経験については，$F(3, 359)=3.595$で，5％水準で主効果が有意となった。多重比較の結果，1％水準で両方経験群が大学・大学院のみ群よりも，1％水準で卒後のみ群が大学・大学院のみ群よりも，5％水準で卒後のみ群よりも教育経験なし群がそれぞれ有意に高かった。交互作用については，$F(6, 359)=0.588$で有意な結果は得られなかった。

倫理的困難への対処の自信に関しては，経験年数のみ主効果が1％水準で有意（$F(2, 359)=4.763$）となり，多重比較の結果，すべてのグループ間で年数が多い群

が有意に高い結果となった。教育経験の主効果（$F(3, 359)=1.476$）および交互作用（$F(6, 359)=0.787$）は，有意な結果は得られなかった。

3　学習経験と職業倫理に関する自己評価との関連

大学・大学院および卒後の学習経験と職業倫理の知識，倫理的困難への対処の自信との関連を検討するために，一元配置分散分析を行った。表4に結果を示した通り，大学・大学院の学習経験に関しては有意な差が見出されなかった。

卒後の学習経験に関して，職業倫理の知識は，等質

表 4　大学・大学院及び卒後の学習経験ごとの一元配置分散分析の結果

大学・大学院の学習経験　度数	講義＆カンファ等 134		講義のみ 86		カンファ等のみ 70		経験なし・その他 82		分散分析の結果	
	平均値	標準偏差	平均値	標準偏差	平均値	標準偏差	平均値	標準偏差	F 値	p 値
職業倫理の知識	4.78	1.12	4.56	1.223	4.7	1.184	4.91	1.209	1.374	.250
倫理的困難への対処の自信	3.92	1.202	3.71	1.291	4	1.049	4.12	1.115	1.819	.143

卒後の学習経験　度数	研修会＆カンファ等 141		研修会のみ 99		カンファ等のみ 79		経験なし・その他 53		分散分析の結果	
	平均値	標準偏差	平均値	標準偏差	平均値	標準偏差	平均値	標準偏差	F 値	p 値
職業倫理の知識	5.09	0.989	4.7	1.129	4.63	1.263	4.09	1.305	9.716 *	<.001
倫理的困難への対処の自信	4.16	1.156	3.85	1.257	3.82	1.141	3.62	1.078	3.465	.016

* Welch の方法による

性の検定が有意となったため Welch の方法に従い，F (3, 368) = 9.716 で 0.1% 水準の有意となった。多重比較（Tukey HSD）の結果，研修会＆カンファ等群は研修会のみ群，カンファ等群よりも 5% 水準，経験無し群よりも 0.1% 水準で高かった。また，研修会のみ群，カンファ等群は経験なし群よりも 5% 水準で有意に高かった。つまり，研修会＆カンファ等群が最も得点が高く，次いで研修会のみ群とカンファ等群が同程度に高く，経験なし群が最も低いことが示された。

倫理的困難への対処の自信は F(3, 368) = 3.465 で，5% 水準で有意となった。多重比較（Tukey HSD）の結果，研修会＆カンファ群と経験なし群の間でのみ，5% 水準の有意となった。

IV　考察

1　職業倫理に関する学習経験の現状

職業倫理に関する教育や学習経験の現状に関しては，表 1 で示したように，今回の調査で大学・大学院において「倫理を冠した講義」を受けたと答えたのは全体の 22.58% であり，講義の一部やカンファレンス等，書籍による自習も含めると，全体の 85% が何らかの形で職業倫理に関する学習を行っていたことが示された。臨床経験年数ごとの比較を見ると，ほとんどの項目で若い世代になるほど比率が高い傾向にあり，心理専門職の養成課程における倫理教育は年々充実の方向に向かっていると言える。2009 年に行われた慶野（2013）の調査とは選択肢が異なるところがあり，厳密な比較はできないが，「学習経験なし」の割合が 23.42% から 14.52% に下がっている点も，このことを裏付けるものと考えられる。

一方で，「倫理を冠した講義」を受けたと答えたのは，最も若い 10 年未満の世代でも 3 割程度にとどまっており，倫理のコースがほぼ必須になっている欧米の水準と比べると，まだ十分ではないと言わざるを得ないだろう。

2　臨床経験年数と職業倫理に関する自己評価

本研究では，職業倫理に関する知識と倫理的困難への対処の自信の項目を職業倫理に関する自己評価を示す指標として用い，臨床経験年数や職業倫理の教育および学習経験との関連を検討した。

いずれの指標に関しても，経験年数という要因とは関連が示された。経験年数が高くなるほど，職業倫理に関する知識が増え，倫理的困難にも対処する自信が向上していくというのは，直観的にも納得しやすいように思われる。McDonald-Sardi, Mathews, Reece, & Pratt（2020）は，架空の倫理的ジレンマ事例を用いた調査を行い，心理学を学ぶ学生と比べて，実践家は倫理的により適切な判断を下すことを示した。本研究では，実践家を経験年数ごとに分けて比較を行ったことにより，単なる経験の有無ではなく，長い年月をかけて徐々に職業倫理に関する自信を深めていっていることが示唆された。また，福島（2016）は，心理臨床家が臨床歴の中で最もインパクトを受けたケースに着目し，臨床的苦痛への対処が成長感をもたらすことを示した。この研究における成長感は，職業倫理に関する自信を直接的に含んでいるものではないが，臨床上の「困難なケース」には，守秘義務の限界や適切な関

係の維持など倫理的な要素が含まれることも少なくない。実践の中で，大小さまざまな倫理的困難に悩みながら実際に対処する経験を重ねることが，関連する知識の習得や対処する力の向上に役立っているのではないかと考えられる。

3　大学・大学院の学習経験と職業倫理に関する自己評価

今回の調査では，大学・大学院における職業倫理教育の経験の有無は，心理専門職の職業倫理に関する知識，倫理的困難への対処の自信双方において，自己評価との関連が見出されなかった。前節2項の結果から，統計的に有意な差ではなかったものの，両方経験群より卒後のみ群が，大学・大学院のみ群より経験なし群が職業倫理の知識，倫理的困難への対処の自信のいずれもわずかに得点が高いという結果が示されており，卒後の条件が同じグループ同士で比較した場合，大学・大学院での教育経験があるほうが自己評価が低いという結果になっている。これは，問題と目的で述べた金沢（2002）やDailor & Jacob（2011）の知見とは異なる結果と言える。また，前節3項で述べたように，カンファレンス等もあわせた大学・大学院における学習経験の違いによって，職業倫理の知識および対処の自信の自己評価には有意差が見られなかった。

この点に関しては，2つの可能性を指摘できる。まずは，我が国でこれまでに行われている大学・大学院での職業倫理教育は，職業倫理に関する体系的な知識の定着や，実践に出た後の倫理的困難への対処の自信を向上させるほどに十分ではない可能性が考えられる。金沢（2002）の研究で示されたのは，倫理に関する授業を受けた時点で測定した短期的な効果であるのに対し，本研究で検討したのはより長期的な効果と言えるものであり，表れ方に違いが出たと考えられる。また，Dailor & Jacob（2011）において倫理的問題への準備性が高かった「マルチレベルの教育」群は，1つの講義として職業倫理を学ぶのに加え，実習等多様な形式で教育を受けているのに対し，本研究で「教育経験あり」とした群には，講義の一部で職業倫理を扱ったという回答者も含まれている。今回の調査では，職業倫理教育の詳しい内容は検討していないが，実践の場で役に立つと実感されるような体系的な知識の習得や倫理的意思決定プロセスの習熟のためには，より多くの教育の時間や繰り返しの学習機会を確保すること

が必要と考えることが可能である。

もう一点は，実際の知識や対処する力と自己評価のギャップの問題である。大学・大学院の倫理教育によって，一定の知識を得ると同時に倫理的問題への対応の難しさも実感し，結果的に自己評価が低くなった可能性や，教育の機会があったことで自身への評価が厳しくなり，「教育を受けたのに自信がない」という認識から，得点が低くなった可能性も考えられる。慶野（2010）は，臨床心理士指定大学院の学生が，倫理的ジレンマの架空事例に取り組む中でどのような気づきを得るかを検討しているが，実践の場で実際に起こるジレンマは学生にとって実感が乏しく，事例について考えを進める中で，わかっていく感じと同時にわからなさ，難しさにも気づくことが示唆されている。大学・大学院での教育経験が自己評価を向上させる要因になっていない点については，更なる検討が必要である。

4　卒後の学習経験と職業倫理に関する自己評価

卒業後に関しては，全体として職業倫理教育や学習の経験のあった者ほど自己評価が高くなるという傾向があった。教育経験ごとの比較では，職業倫理の知識に関しては両方経験群は大学・大学院のみ群よりも，卒後のみ群は経験なし群よりも多重比較検定で有意に得点が高かった。このことから，臨床実践として倫理教育を受けている者は，そうでない者と比べ，知識が獲得されたという実感を持っていると考えられる。倫理的困難への対処の自信については，表2の数値から同様の傾向は読み取れるものの，表3の分散分析の結果では，教育経験の主効果は有意ではなかった。経験年数に関する議論を踏まえても，倫理教育そのものが対処の自信の向上につながっているというよりも，実務において実際に対応する経験を重ねていくことが重要であることが示唆される。

また，前節3項で示した学習経験ごとの比較では，研修会のような「教育」の経験と，カンファレンス等での機会的，自発的な学習経験の双方がある群は，片方のみの群や経験なし群よりも自己評価が高くなっており，さまざまな形式で学習をすることが，倫理に関する知識や対処の自信向上につながっている可能性が考えられる。一方，表4に示されるように，「研修会のみ」群と「カンファ等のみ」群は，職業倫理の知識，倫理的困難への対処の自信ともほぼ同等の数値であっ

た。多くの場合，倫理研修会で行われるのは職業倫理に関する講義や架空事例の検討であり，カンファレンスやスーパービジョンの場では，自身の担当ケースも含め，実際の事例における対処のありようが検討されることから，それぞれは異なる学びの体験と考えられる。ただ，例えば「倫理研修会は体系的知識の習得に役立ち，カンファレンス等の場での学習経験は倫理的困難への対処の自信を向上させる」といったような，学習経験の種類による差は，今回の結果からは見出されなかった。この点は，質的研究などにより職業倫理に関する自己評価の向上プロセスに関する知見が得られる可能性が考えられる。

なお，卒後の学習経験は，大学・大学院のそれと比べて個々の心理専門職の自発性に左右されるところがある。そのため，今回の結果には，研修会の教育効果だけでなく，心理専門職の学習意欲や倫理に関する問題意識という要因も関わっている可能性は否定できず，この点も検討を続けていく必要がある。

5 まとめと今後の課題

本研究では，日本の心理専門職の職業倫理に関する学習経験と職業倫理に関する自己評価について検討を行った。職業倫理教育を受ける機会は若い世代になるほど増えており，欧米の水準には届かないとはいえ，心理専門職の養成課程において倫理教育が重視されるようになってきていることは，望ましいことと言えるだろう。

一方で，職業倫理に関する知識や倫理的困難への対処の自信の自己評価については，大学・大学院における倫理教育の経験とは関連が見出されず，実務経験や卒後の研修会やカンファレンス，SV等の学習経験とは関連が見出された。後で述べるような測定の問題もあり，さらに精査が必要ではあるが，心理専門職は実務経験や実務と並行した学習の中で，職業倫理への理解や対処の自信の実感を高めていっている現状が示唆された。ただ，我が国の心理専門職は一人職場も少なくないため，若手であっても難しい倫理的問題に自ら対処しなければならない場面もある。また，大学・大学院のカリキュラムは，当人の問題意識にかかわらず心理専門職を志すすべての者が通る課程でもある。前述のように，この段階での職業倫理教育をより充実させることは，引き続き重要な課題と言えよう。その際，倫理に関する講義時間を確保するというだけでなく，

実習での経験を倫理的観点から振り返る場を設けるなど，カリキュラム全体を通した職業倫理教育という視点が有用と考えられる。このように，教育の経験の量的側面だけでなく，それが長期的に見たときに実効性を持っているかという質的な視点での検討を行ったことが，本研究の意義である。

最後に，今後の課題と本研究の限界について述べる。まず，本研究の調査を行った時点では，我が国には公認心理師の正規の養成課程を経た資格取得者はまだ誕生していないため，本研究の回答者は，臨床心理士の教育を受けた者や，実務経験を積んで公認心理師試験を受験した者が主である。公認心理師養成課程に関しては，学部のカリキュラムに職業倫理の内容を含む「公認心理師の職責」が設けられている（公認心理師カリキュラム等検討委員会，2017）。そのため，今後はすべての修了者が養成課程の中で倫理教育を受けることとなり，これは大変望ましいことと言えよう。一方で，「職責」の到達目標の中には職業倫理以外の項目も設けられており，この授業は今回の調査項目の「タイトルにないが倫理を扱う授業」に当たる。また，大学院では実習の中で職業倫理について学ぶこととされているものの，座学の科目としては倫理の講義は設けられていない。こうした点が，修了者の職業倫理に関する知識や倫理的意思決定の力にどうかかわってくるか，今後も注視していく必要がある。

また，本研究では心理専門職の職業倫理に関する自己評価を指標として用いたが，前述のように，この自己評価は実際の知識や対処する力の程度とギャップがある可能性が考えられる。そのため，心理専門職の倫理的資質をどのように測定するかを検討していくことが，今後必要な研究の方向性として考えられる。海外では，例えば倫理と法に関する自己効力感尺度（Mullen, Lambie, & Conley, 2014）や，コールバーグの道徳的発達理論をベースとして倫理的意思決定の成熟度を測定する尺度（Dufrene & Glosoff, 2004）の作成が試みられている。公認心理師法およびその養成カリキュラムの成立，またそこに至るまでの議論のプロセスで，「心理専門職として備えているべき職業倫理」の内容がある程度具体化された今，こうした基準や実際に心理支援の現場で起きている倫理的問題も踏まえて，より客観的な測定尺度を作成することは，職業倫理教育の充実に貢献できるものと考えられる。

▶ 付記

　本研究は，文部科学省科学研究費（若手研究　課題番号19K14411）の助成を受けて行われており，東京大学大学院に提出した博士論文の一部に加筆修正を施したものです。跡見学園女子大学の下山晴彦教授を始め，ご指導いただいた先生方と，調査に協力くださった多くの皆様に心より御礼を申し上げます。

▶ 文献

Bache, A., Anderson, S. K., Handelsman, M. M., & Klevansky, R.（2007）. An acculturation model for ethics training : The ethics autobiography and beyond. *Professional Psychology : Research and Practice*, **38**(1), 60-67.

大学院カリキュラム委員会（2001）．臨床心理士養成システムと大学院カリキュラムの検討．心理臨床学研究，**19**（特別号），5-46.

Dailor, A. N. & Jacob, S.（2011）. Ethically challenging situations reported by school psychologists : Implications for training. *Psychology in the School*, **48**(6), 619-631.

Dufrene, R. L., & Glosoff, H. L.（2004）. The ethical decision-making scale-revised. *Measurement and Evaluation in Counseling and Development*, **37**(1), 2-14.

福島円（2016）．心理臨床家のインパクトケースにおける個人的成長—臨床的苦痛との関連から．カウンセリング研究，**49**(3), 129-138.

金沢吉展（2002）．心理臨床・カウンセリング学習者を対象とした職業倫理教育—その効果と参加者の感想内容の分析から．心理臨床学研究，**20**(2), 180-191.

金沢吉展（2004）．臨床心理学における職業倫理的意思決定に関する基礎的研究—倫理的意思決定モデルの検討．明治学院大学心理臨床センター研究紀要，**2**, 3-19.

金沢吉展（2006）．臨床心理学の倫理をまなぶ．東京大学出版会．

慶野遥香（2010）．初学者の倫理的困難場面における判断と気づきの検討．心理臨床学研究，**28**(5), 643-653.

慶野遥香（2013）．臨床心理士の出会う倫理的困難に関する実態把握調査．心理臨床学研究，**30**(6), 934-939.

Knapp, S. J., VandeCreek, L. D., & Fingerhut, R.（2017）. *Practical Ethics for Psychologists : A Positive Approach 3rd Edition*. Washington, DC, American Psychological Association.

公益財団法人日本臨床心理士資格認定協会（2013）．大学院指定資料に関する参考資料．Retrieved from http://www.fjcbcp.or.jp/wp/wp-content/uploads/2014/03/daigakuin-shinsei-data_2020_0929b.pdf（2022年8月3日）

公認心理師カリキュラム等検討会（2017）．公認心理師カリキュラム等検討会報告書．厚生労働省．Retrieved from https://www.mhlw.go.jp/stf/shingi2/0000167172.html（2022年8月3日）

McDonald-Sardi, J., Mathews, R., Reece, J., & Pratt, C.（2020）. The effect of experience in psychological practice on making ethical judgements. *Australian Psychologist*, **55**(6), 634-644.

Mullen, P. R., Lambie, G. W., & Conley, A. H.（2014）. Development of the ethical and legal issues in counseling self-efficacy scale. *Measurement and Evaluation in Counseling and Development*, **47**(1), 62-78.

倫理委員会（2006）．臨床心理士養成指定大学院教員の倫理教育に関する意識調査．心理臨床学研究，**24**(5), 621-627.

Rodriguez, M. M. D., Cornish, J. A. E., Thomas, J. T., Forrest, L., Anderson, A., & Bow, J. N.（2014）. Ethics education in professional psychology : A survey of American Psychological Association accredited programs. *Training and Education in Professional Psychology*, **8**(4), 241-247.

田中富士夫（1988）．心理臨床における倫理問題—調査報告心理臨床学研究，**5**(2), 76-85.

原著論文

Relationship between Professional Psychologists' Ethical Training Experiences and Self-Evaluations on Professional Ethics

Haruka Keino

Institute of Human Science, University of Tsukuba

This study aims to clarify the status of Japanese psychologists' experiences in learning about professional ethics. Furthermore, it examines the relationship between attribute variables and self-evaluations regarding professional ethics. An online questionnaire was administered to 372 certified public psychologists or clinical psychologists. Respondents with fewer years of experience were more likely to have received education on professional ethics at university or graduate school. This suggests that ethics education is becoming more important in training programs for psychologists. Self-evaluations of professional ethics (e.g., knowledge of professional ethics and confidence in coping with ethical dilemmas) were related to practice, learning experience, and post-graduate education. Contrastingly, no significant relationship was found in experience with professional ethics education at university or graduate school. Future work is needed to develop a method to measure in depth the ethical qualities and examine the effects of professional ethics education on professional psychologists.

Keywords : psychology profession, professional ethics, ethics education

資料論文

全員面接におけるスクールカウンセラーへの援助要請意図の規定因

眞鍋一水 [1]，日原尚吾 [2]，内田利広 [3]

1）自衛隊入間病院 保健部精神保健課
2）松山大学 経営学部経営学科
3）龍谷大学 心理学部心理学科

キーワード：スクールカウンセリング，全員面接，援助要請意図，規定因，中学生

臨床へのポイント ・・

- 生徒のスクールカウンセラーに対する高い援助要請意図には，相談することが悩みの解消に役立つという予測や，全員面接において話すことを強いられず，かつ関心を示しながら聴いてもらえる体験が結びついている。
- 全員面接の内容や留意点，スクールカウンセラーの関わり方について一例を示し，援助要請意図との関連を実証的に解析した。援助要請意図の向上を企図した全員面接の参考として，スクールカウンセラーの実践活動に資するであろう。

・・

Japanese Journal of Clinical Psychology, 2023, Vol.23 No.5 ; 589-594
受理日──2023 年 2 月 23 日

I 問題と目的

1 中学校でのスクールカウンセラーによる全員面接

近年，スクールカウンセラー（以下，SC）へ援助を求めやすい環境を整備するため，SC による新入生を中心とした全ての児童生徒への「全員面接」が行われている（例えば，青木・金成・加藤・宮崎・高萩・大越・嶋津，2016）。全員面接は相談への敷居を下げる効果が期待され（尾形・石川・上野・柴田・杉原・宮田・吉田，2016），「いざという時にどれ位他者に援助要請を行う意図があるか」（永井，2012）と定義される援助要請意図を，SC に対して高める効用があると考えられる。大学生を対象とした調査からは，援助要請意図が高いほど，その後の援助要請行動が多かった（梅垣，2017）。そのため，全員面接によって児童生徒のSCへの援助要請意図を高めることができれば，いじめや精神的不調等の際，問題が深刻化するより前のSCへの援助要請行動につながると想定される。全員面接は早期の支援を可能にしうる重要な予防的支援と考えられるが，全員面接のどのような内容や構造，性別等の生徒の属性が高い援助要請意図と結びつくのかを実証的に検討した報告は少ない。

2 援助要請意図と関連する要因

はじめに，高い援助要請意図に結びつくと思われる要因を挙げ全員面接の内容を検討する。まず，全員面接に関する研究を挙げる。全員面接は，児童生徒が“SC に話してよかった”と思えるようにとの意図（小野・後藤，2015）で柔軟に行われる。第1の要因に，児童生徒にとって SC が関心を持って聞いてくれたと思えることが，高い援助要請意図につながると思われる（以下，関心認知）。次に，本人の希望でなく学校の取り組みとして行われる全員面接では，相談しない自由に配慮する必要がある（青木他，2016）。そのため，第2の要因に，全員面接の意図を十分説明し理解を得ることが重要と思われる（以下，意図理解）。さらに，児童生徒は全員面接で初めて SC と話すことが多い。SC が何者かわからないため，援助要請意図を抑制する「強要への懸念」や「カウンセラーの対応への懸念」（中岡・兒玉・高田・黄，2011）を減ずる配

慮が必要である。そのため，第3の要因として「強要への懸念」を減じるよう相談や話すことを強要しない関わりが有効であると考える（以下，非強要感）。

　援助要請意図に関する研究では，友人への援助要請意図と相談行動の利益である「ポジティブな結果」の予想とが有意な正の関係を示した（永井・新井, 2008）。そこで，第4の要因に，SC に相談した際の肯定的結果を予測できるよう，SC の役割や支援内容を情報提供し，SC を利用する利益が理解されることが必要であると考える（以下，利益理解）。また，大学生を対象に被援助志向性に関連する要因を検討した研究では，学生相談室の場所や人，開室時間を知っていること，すなわち「学生相談室に対する認知」が認められた群の方が非認知群と比べて被援助志向性が有意に高かった（木村・水野, 2008）。したがって，第5の要因として，全員面接においても SC の自己紹介や申し込み方法，利用可能時間を伝え，SC の認知向上に資することが高い援助要請意図に結びつくと思われる（以下，SC 認知）。

3　本研究の目的

　本研究の目的は，上述の5つの要因（関心認知，意図理解，非強要感，利益理解，SC 認知）や構造（実施時間），生徒の属性（性別）と援助要請意図との関連を分析し，高い援助要請意図につながる全員面接を検討することである。

Ⅱ　方法

1　全員面接

1．対象生徒

　A 中学校の3年間の新入生118名を対象に実施した。X 年度および X+1 年度が39名，X+2 年度が40名であった。男女の割合は均等で，各59名であった。

2．実施構造

　A 中学校の相談室において，個別に全員面接を実施した。面接を実施した SC は，20代かつ臨床心理士の資格取得後約5年の男性であった。なお，全員面接は生徒指導主事，SC，養護教諭および学年主任が計画を作成し，学校全体の取り組みとして実施した。生徒への周知はホームルーム時間に学級担任が口頭で実施した。面接時間は，1年目は30分間で，2年目以降は学校運営の都合から15分間であった。全員面接は

昼休憩や掃除時間，ホームルーム時間等を用いて行った。新入生が悩みを抱えた際に SC へ相談しやすい環境を可能な限り早期に整備し，SC による強みを中心とした生徒理解（情緒や認知等）を教員の生徒支援や授業等に活用できるよう，新年度なるべく速く開始するよう着意し，4月下旬～5月下旬の間に開始した。全ての全員面接を実施するために要した SC の勤務日は1年目が22日，2年目が12日，3年目が7日であり，期間はおよそ9カ月間から3カ月間であった。

3．全員面接の内容

　全員面接は半構造化面接とし，以下の項目について説明，質問した。

(1) SC の紹介

　SC から挨拶し，名前を自己紹介した。時間を割いて全員面談に来てくれたことに謝意を伝えた。その上で，SC の勤務曜日，相談できる時間等について情報提供した。また，全員面接では話したくないことは無理に話さなくてよいことを伝えた。

(2) 全員面接の意図の説明

　「悩みがあって，自分ひとりでは解決できないとき，ぜひ SC を活用してもらいたいと思っています。そのときに相談に来てもらいやすいように，全員と自己紹介の面談を行っています」と説明した。

(3) SC を利用する利益の説明

　学生相談におけるカウンセラーの定義（中岡・兒玉, 2011）を参考に，次の通り説明した。「SC は，生徒のみなさんの困りごとや悩みに対して，心理学の知識や技術を使って手助けをしています。気持ちの整理やアドバイス，必要に応じて先生との調整なども行っています」

(4) 困り感や相談の確認

　現時点で困りごとや悩みはないか確認した。"ある"と回答した場合には，助言・相談を求めるか確認し，求める場合には事実確認の質問や助言を行った。

(5) 学校生活の様子等

　(4) の確認に "ない" と回答した場合には，困りごとや悩みに限らず何か話したいことはないか確認し，生徒からの話題提供に対しては話の内容がよく理解できるように確認の質問を挟みながら傾聴した。SC から，学校生活の楽しいことや大変なことを尋ね，生徒の意思に任せて話してもらい，事実関係の確認の質問を行いながら傾聴した。

なお，全員面接で生徒との間で話した事柄については，必要性を認めない場合の情報共有は行わなかったが，生徒の印象や理解等については積極的に教職員（養護教諭，生徒指導主事および学級担任等）と話し合うよう心がけた。

2　アンケート
1．援助要請意図

中学生の援助要請意図を検討した研究（永井・新井，2008）に基づき，「相談行動尺度」（永井・新井，2005）を用いた。心理社会的問題（7項目）（項目例：学校あるいは学級になじめないとき）と学習進路的問題（4項目）（項目例：自分にあった勉強方法が知りたいとき）の2因子が含まれる。各項目の悩みを相談すると思う程度を尋ねる質問紙である。相談する相手を「SC」とし，5件法（「相談しないと思う＝1」～「相談すると思う＝5」）で尋ねた。各因子ごとに回答の合計得点を項目数で除して平均値を得た。

2．SCへの援助要請意図の規定因

援助要請意図に関連すると想定した5要因と対応させ次の5項目を尋ねた。なお，カッコ内は要因を表す。「そう思わない＝1」から「そう思う＝5」の5件法で回答を求めた。①（関心認知）あなたが話したことをSCは関心を持って聞いてくれたと思いますか。②（意図理解）全員面接のねらいが十分わかりましたか。③（非強要感）（逆転項目）話したくないことを話したり，助言を受けることを強要されましたか。④（利益理解）みなさんの悩みや困りごとに対して，SCがどのようにサポートしているかが十分わかりましたか。⑤（SC認知）カウンセリングルームの場所，SCのこと，相談できる曜日，申し込み方法が十分わかりましたか。

3．アンケートの回答と分析

年度ごとに，全ての生徒の全員面接が終了した後にアンケートを一斉に実施した。各生徒の全員面接終了からアンケート実施までの経過日数（以下，経過日数）は，平均88.50日（$SD=72.02$）であった。分析にはHAD 16（清水，2016）を用いた。性別は男性1，女性0のダミー変数を用いた。実施時間は15と30（分間）を用いた。

3　倫理的配慮

学校長から倫理的配慮を含む実施手続きの承認を得て全員面接とアンケートを実施した。全員面接への参加とアンケートの回答は任意であったが，全ての新入生が参加し，回答した。アンケートは，生徒が全員面接で嫌な思い等をした際に学級担任がフォローできるよう記名式で実施したが，分析に際しては回答を学年主任が取りまとめた後個人名を削除してSCに渡し，SCは個人名を把握しないようにした。なお，全員面接後にフォローを要した生徒はいなかった。保護者に対しては，生徒の回答を分析から除外するよう希望する際は生徒指導主事に連絡するよう紙面により依頼した。分析からの除外を求めた保護者は認められなかった。本研究は，アンケート結果に基づく学内報告を終えた後で論文にまとめる着想を得たため，研究成果の公表について広島大学大学院人間社会科学研究科教育学系プログラム倫理審査合同委員会の承認を得た（承認番号：2021066）。投稿に際しては学校長および教育委員会事務局SC担当課長の承認を得た。

III　結果

1　各変数の記述統計と関連

記述統計と相関分析の結果を表1に示す。援助要請意図および規定因5項目の平均値（SD）は，心理社会的問題に関する援助要請意図は2.82（0.99），学習進路的問題に関する援助要請意図は2.65（1.09），①関心認知は4.36（0.76），②意図理解は3.82（0.90），③非強要感は4.23（1.06），④利益理解は3.97（0.76），⑤SC認知は4.10（0.85）であった。

心理社会的問題に関する援助要請意図と4つの項目（①関心認知，②意図理解，③非強要感，④利益理解）との間に有意な正の相関が示された（$r=.32～.46$，いずれも$p<.01$）。学習進路的問題に関する援助要請意図は④利益理解と有意な正の相関を示した（$r=.29$，$p<.01$）ほか，他の3つの項目（①関心認知，②意図理解，⑤SC認知）とも有意な正の相関が認められた（$r=.19～.20$，いずれも$p<.05$）。また，学習進路的問題に関する援助要請意図は性別（男性）との間に有意傾向のある正の相関が認められた（$r=.18$，$p<.10$）。さらに，②意図理解は面接時間や経過日数と負の相関（$r=-.20～-.21$，いずれも$p<.05$）があり，④利益理解は経過日数と負の相関が認められた（$r=-.21$，$p<.05$）。

表1　記述統計量と変数間の相関（*N*=118）

変数名	1・性別	2・時間	3・日数	4・心理社会	5・学習進路	6・関心認知	7・意図理解	8・非強要感	9・利益理解	10・SC認知
1．性別（男性＝1／女性＝0）	—									
2．実施時間（30分間/15分間）	−.02	—								
3．経過日数	−.10	.59 **	—							
4．心理社会的問題に関する援助要請意図	.05	.00	.00	—						
5．学習進路的問題に関する援助要請意図	.18 †	−.04	−.09	.62 **	—					
6．①関心認知	.04	−.04	−.05	.46 **	.20 *	—				
7．②意図理解	.08	−.20 *	−.21 *	.32 **	.20 *	.46 **	—			
8．③非強要感	−.07	.16 †	−.01	.38 **	.08	.44 **	.26 **	—		
9．④利益理解	.19 *	−.07	−.21 *	.39 **	.29 **	.45 **	.48 **	.21 *	—	
10．⑤SC認知	.16 †	−.06	−.06	.12	.19 *	.13	.24 *	.09	.27 **	—
平均値	0.50	19.96	88.45	2.82	2.65	4.36	3.82	4.23	3.97	4.10
標準偏差	0.50	7.09	72.02	0.99	1.09	0.76	0.90	1.06	0.76	0.85

† *p*<.10，* *p*<.05，** *p*<.01

表2　心理社会的問題および学習進路的問題に関する援助要請意図を目的変数とした重回帰分析の結果 [1]

説明変数	心理社会的問題（β）	学習進路的問題（β）	VIF
性別（男性＝1／女性＝0）	.031	.182 *	1.077
実施時間（30分間／15分間）	−.063	−.008	1.689
経過日数	.078	−.073	1.655
①関心認知	.221 *	.129	1.622
②意図理解	.034	−.012	1.537
③非強要感	.245 *	−.029	1.353
④利益理解	.245 *	.228 *	1.562
⑤SC認知	−.008	.046	1.116
R²	.304 **	.166 *	

1）説明変数は全て中心化した。ロバスト回帰分析を用いた。
* *p*<.05，** *p*<.01

2　全員面接における SC への援助要請意図の規定因

　援助要請意図（心理社会・学習進路）を目的変数とし，性別と面接時間，経過日数，規定因5項目を説明変数として，ロバスト標準誤差を用いた重回帰分析を行った（表2）。心理社会的問題に関する援助要請意図は，①関心認知（β＝.221，*p*<.05），③非強要感（β＝.245，*p*<.05）および④利益理解（β＝.245，*p*<.05）が規定した。①関心認知，③非強要感および④利益理解が高いほど，心理社会的問題に関する援助要請意図が高かった。学習進路的問題に関する援助要請意図は，性別（β＝.182，*p*<.05）と④利益理解（β＝.228，*p*<.05）

が規定した。生徒の性別が男性であることと，④利益理解が高いほど学習進路的問題に関する援助要請意図が高かった。なお，SC への援助要請意図を規定する5項目の VIF は 1.62（関心認知）以下であり，多重共線性の影響は認められなかった。

IV　考察

1　SC への高い援助要請意図と関連する全員面接

　援助要請意図は，相談したい内容によって，共通する，もしくは異なる要因が規定した。学習進路的問題に関する援助要請意図は"利益理解"のほかに性別が関連し，男性の方が援助要請意図は高かった。学習や

進路選択に関する相談内容は，学習の仕方や進学する学校の選択等問題解決的な内容であり，SCへの相談が役立つと思えるだけでも援助要請意図につながることが想定される。一方で，心理社会的問題に関する援助要請意図は "利益理解" と "非強要感"，"関心認知" が規定した。友人とのトラブルや学校に行きたくない思いは生徒にとって繊細な相談内容であり，話すことで解決が期待できると思えるのみならず，無理に話すことを求められず関心をもって話を聞いてもらえるという安心できる体験が重要であると考えられる。なお，相関分析の結果（表1）に示したように，規定因5項目には相関する項目が複数認められた。各項目は相談行動の利益（永井・新井，2008）や認知度（木村・水野，2008）など異なる理論や概念に基づいているものの，概念間で相関が認められたことから，今後複数の項目を含めた構成概念の検討が必要であると思われる。

次に相関分析に基づく考察を記す。第1に，実施時間と "意図理解" に負の関連があった。実施時間が長いと話題が拡散し，本来の目的が不明確になった可能性が推察される。一方で，実施時間と "非強要感" には正の関連があった。短時間で実施する場合でも，沈黙に耐えずに早く話すよう求める雰囲気にならない配慮が必要だと考えられる。第2に，経過日数と "意図理解"，"利益理解" とに負の関連があった。これらは "関心認知" や "非強要感" などの体験の質とは異なる知識的な内容であり，日数が経過し忘却された可能性がある。この忘却を補うには，SC便り等の配布物で "利益理解" を再度周知する手法が考えられる。

2 本研究のまとめと限界

本研究では，生徒のSCへの援助要請意図と関連する要因を検討した。生徒にとって，SCを利用する利益や利用方法等の知識を得ることはもちろん，SCが無理に話をさせようとせず，関心を示しながら関わってくれる体験が心理社会的問題に関する援助要請意図につながることが示唆された。援助要請意図に関連する全員面接の要因を明らかにしたこと，および全員面接でのSCの姿勢や関わり方の重要性が示唆された点は，本研究の成果である。

次に本研究の限界を述べる。まず，研究法の限界が挙げられる。全生徒が全員面接を受けた後一斉にアンケートを実施したが，全員面接からアンケートまでの期間が生徒によって異なるため回答の信頼性が十分で

はない可能性がある。また，本研究で得られた成果は1つの学校での実践に基づいており一般化可能性には限界がある。今後複数校において，事前事後の比較や直後の回答を求める計画的な実施に基づく検証を要する。さらに，より高いSCへの援助要請意図につながる全員面接のためには，今回分析した以外の要因についても検討が必要である。

本研究は上記の限界を伴うが，全員面接における援助要請意図の関連要因を初めて実証的に検討した研究であり，援助要請意図向上を企図した全員面接実施に資する意義がある。

▶ 付記

本研究は「中国四国心理学会第77回大会」にてポスター発表を行いました。本論文は前所属（広島県教育委員会事務局豊かな心と身体育成課生徒指導係スクールカウンセラー）においてまとめたものです。生徒の皆さんと先生方のご活躍を心からお祈り申し上げております。

▶ 文献

青木真理・金成美恵・加藤梓・宮崎映理子・高萩雅人・大越一也・嶋津武仁（2016）．福島大学附属中学校の教育相談活動について―スクールカウンセラーによる全員面接の試みに焦点づけて．福島大学総合教育研究センター紀要，20, 37-44.

木村真人・水野治久（2008）．大学生の学生相談に対する被援助志向性の予測―周囲からの利用期待に着目して．カウンセリング研究，41, 235-244.

永井智（2012）．中学生における援助要請意図に関連する要因―援助要請対象，悩み，抑うつを中心として．健康心理学研究，25, 83-92.

永井智・新井邦二郎（2005）．中学生用友人に対する相談行動尺度の作成．筑波大学心理学研究，30, 73-80.

永井智・新井邦二郎（2008）．相談行動の利益・コスト尺度改訂版の作成．筑波大学心理学研究，35, 49-55.

中岡千幸・兒玉憲一（2011）．大学生の心理カウンセリングに対する援助要請不安尺度と援助要請期待尺度の作成．心理臨床学研究，29, 486-491.

中岡千幸・兒玉憲一・高田純・黄正国（2011）．大学生の心理カウンセラーへの援助要請意図モデルの検討―援助要請不安，援助要請期待及び援助要請意図の関連．広島大学心理学研究，11, 215-224.

尾形剛・石川悦子・上野綾子・柴田恵津子・杉原紗千子・宮田葉子・吉田章子（2016）．スクールカウンセラーによる児童・生徒全員面接の効果と課題（1）―初年度の取り組み状況からみえること．日本心理臨床学会第35回大会発表論文集，182.

小野貴美子・後藤喜美（2015）．スクールカウンセラーによる中学校 1 年生への全員面接の試み．別府大学臨床心理研究，10・11, 2-7.

清水裕士（2016）．フリーの統計分析ソフト HAD—機能の紹介と統計学習・教育，研究実践における利用方法の提案．メディア・情報・コミュニケーション研究，1, 59-73.

梅垣佑介（2017）．心理的問題に関する援助要請行動と援助要請態度・意図の関連．心理学研究，88, 191-196.

Factors Determining Junior High School Students' Help-Seeking Intentions in Trial Counselling Sessions Conducted by a School Counsellor

Issui Manabe [1], Shogo Hihara [2], Toshihiro Uchida [3]

1) Department of Healthcare, Mental Health Division, JSDF Iruma Hospital
2) Faculty of Business Administration, Matsuyama University
3) Faculty of Psychology, Department of Psychology, Ryukoku University

---

Keywords : school counselling, trial counselling, help-seeking intentions, determinant factors, junior high school students

実践研究論文の投稿のお誘い

『臨床心理学』誌の投稿欄は，臨床心理学における実践研究の発展を目指しています。一人でも多くの臨床家が研究活動に関わり，対象や臨床現場に合った多様な研究方法が開発・発展され，研究の質が高まることで，臨床心理学における「エビデンス」について活発な議論が展開されることを望んでいます。そして，研究から得られた知見が臨床家だけでなく，対人援助に関わる人たちの役に立ち，そして政策にも影響を与えるように社会的な有用性をもつことがさらに大きな目標になります。本誌投稿欄では，読者とともに臨床心理学の将来を作っていくための場となるように，数多くの優れた研究と実践の取り組みを紹介していきます。

本誌投稿欄では，臨床心理学の実践活動に関わる論文の投稿を受け付けています。実践研究という場合，実践の場である臨床現場で集めたデータを対象としていること，実践活動そのものを対象としていること，実践活動に役立つ基礎的研究などを広く含みます。また，臨床心理学的介入の効果，プロセス，実践家の訓練と職業的成長，心理的支援活動のあり方など，臨床心理学実践のすべての側面を含みます。

論文は，以下の5区分の種別を対象とします。

論文種別	規定枚数
①原著論文	40 枚
②理論・研究法論文	40 枚
③系統的事例研究論文	40 枚
④展望・レビュー論文	40 枚
⑤資料論文	20 枚

①「原著論文」と⑤「資料論文」は，系統的な方法に基づいた研究論文が対象となります。明確な研究計画を立てたうえで，心理学の研究方法に沿って実施された研究に基づいた論文です。新たに，臨床理論および研究方法を紹介する，②「理論・研究法論文」も投稿の対象として加えました。ここには，新たな臨床概念，介入技法，研究方法，訓練方法の紹介，論争となるトピックに関する検討が含まれます。理論家，臨床家，研究者，訓練者に刺激を与える実践と関連するテーマに関して具体例を通して解説する論文を広く含みます。④「展望・レビュー論文」は，テーマとなる事柄に関して，幅広く系統的な先行研究のレビューに基づいて論を展開し，重要な研究領域や臨床的問題を具体的に示すことが期待されます。

③「系統的事例研究論文」については，単なる実施事例の報告ではなく，以下の基準を満たしていることが必要です。

①当該事例が選ばれた理由・意義が明確である，新たな知見を提供する，これまでの通説の反証となる，特異な事例として注目に値する，事例研究以外の方法では接近できない（または事例研究法によってはじめて接近が可能になる），などの根拠が明確である。
②適切な先行研究のレビューがなされており，研究の背景が明確に示される。
③データ収集および分析が系統的な方法に導かれており，その分析プロセスに関する信憑性が示される。
④できる限り，クライエントの改善に関して客観的な指標を示す。

本誌投稿欄は，厳格な査読システムをとっています。査読委員長または査読副委員長が，投稿論文のテーマおよび方法からふさわしい査読者2名を指名し，それぞれが独立して査読を行います。査読者は，査読委員およびその分野において顕著な研究業績をもつ研究者に依頼します。投稿者の氏名，所属に関する情報は排除し，匿名性を維持し，独立性があり，公平で迅速な査読審査を目指しています。

投稿論文で発表される研究は，投稿者の所属団体の倫理規定に基づいて，協力者・参加者のプライバシーと人権の保護に十分に配慮したうえで実施されたことを示してください。所属機関または研究実施機関において倫理審査，またはそれに代わる審査を受け，承認を受けていることを原則とします。

本誌は，第9巻第1号より，基礎的な研究に加えて，臨床心理学にとどまらず，教育，発達実践，社会実践も含めた「従来の慣習にとらわれない発想」の論文の募集を始めました。このたび，より多くの方々から投稿していただけるように，さらに投稿論文の幅を広げました。世界的にエビデンスを重視する動きがあるなかで，さまざまな研究方法の可能性を検討し，研究対象も広げていくことが，日本においても急務です。そのために日本の実践家や研究者が，成果を発表する場所を作り，活発に議論できることを祈念しております。

（査読委員長：岩壁 茂）（2017年3月10日改訂）

新刊案内

Ψ金剛出版　〒112-0005　東京都文京区水道1-5-16　Tel. 03-3815-6661　Fax. 03-3818-6848
e-mail eigyo@kongoshuppan.co.jp　URL https://www.kongoshuppan.co.jp/

自殺防止の手引き

誰もが自殺防止の強力な命の門番（ゲートキーパー）になるために

[著]羽藤邦利

自殺防止事業に取り組み，また精神科医として50年以上患者と向き合ってきた著者による自殺防止活動のための手引き書。「自殺企図直前の状態に陥っていることを示すサイン」（BPSAS）の具体例を示しつつ，その特徴，そこに至る3つのプロセス（「悪循環・発展」「精神状態の揺らぎ」「精神病性の症状」）について解説し，自殺企図に至るプロセスを概観していく。第Ⅱ部では，誰もが強力な "ゲートキーパー" になるための3つのテーマ（「対応の工夫」「自殺リスクアセスメント」「ゲートキーパーとしての動き方，支援機関の利用の仕方」）を提案する。　　　　　定価3,080円

サイコロジカル・ファーストエイド

ジョンズホプキンス・ガイド

[著]ジョージ・S・エヴァリー　ジェフリー・M・ラティング　[監修]澤明　神庭重信
[監訳]中尾智博　久我弘典　浅田仁子　[訳]日本若手精神科医の会

心理的応急処置（PFA）は災害などの緊急事態に生じる急性ストレスやトラウマの影響を緩和し，危機にある人が逆境に効果的に対処できるように支援するものである。本書は，ラポール形成，アセスメント，トリアージ，苦痛軽減，フォローアップという介入プロセスから成るRAPID PFAモデルの実践ガイドであり，ケーススタディを交えたRAPID PFAの具体的な解説から，PFAの概念やトラウマ体験がもたらす心理的影響などの基礎的な内容も含む，メンタルヘルスケアを包括的に学べる書でもある。　　　　　定価3,740円

「死にたい」気持ちに寄り添う

まずやるべきことしてはいけないこと

[著]下園壮太　高楊美裕樹

身近な人に「死にたい」と言われたら，どうしたらいいかわからなくなってしまうのではないだろうか。しかし，データによると「死にたい」気持ちをもったことがある人は「4人に1人」はいるのである。決して「特別なこと」ではない。「死にたい」気持ちとセットになっているのは「うつ状態」であり，うつには身体症状と精神症状があることをきちんと理解し，「死にたい」気持ちにどう寄り添えばいいのか，本書ではできるだけ現実に沿った形でわかりやすく解説する。支援者側が誤解をなくし，正しい知識を学ぶことで，寄り添う側の冷静さも取り戻すことができるだろう。　　　　　定価2,860円

価格は10%税込です。

臨床心理学 ✳ 最新研究レポート シーズン 3
THE NEWEST RESEARCH REPORT SEASON 3

第 **42** 回
"ポジティブ"な感情とは何か？

Shiota MN, Sauter DA, & Desmet PMA (2021) What are 'positive' affect and emotion?
Current Opinion in Behavioral Sciences 39 ; 142-146.

菅原大地 *Daichi Sugawara*
［筑波大学人間系］

I　はじめに

　ポジティブ感情（positive affect, positive emotions, pleasant feeling）[注]をキーワードに含む出版物は，2023 年 7 月の時点で少なくとも 111 万 5,000 件以上ある。本邦でも心理学の領域を超えて，ウェルビーイング産業やスマートウェルネスといった健康増進を目的とした事業のなかでもポジティブ感情が取り上げられるようになってきた。

　このようにポジティブ感情の研究や社会的な取り組みの増加には，ポジティブ感情の機能を説明する拡張−形成理論（broaden-and-build theory）（Fredrickson, 2001）の提唱が少なからず影響している。拡張−形成理論を簡単に説明すると，ポジティブ感情を感じると行動のレパートリーが増えたり，視野が広がったりして（拡張の機能），豊かな対人関係の構築や対処能力の向上につながり（形成の機能），ゆくゆくは人々の成長と繁栄に導き，さらなるポジティブ感情を生じさせる，というものである。

　ポジティブ感情の研究が盛んになる一方で，ポジティブ感情そのものについて学術的な定義はこれまで明示されてこなかった。すなわち，「ポジティブ感情とは何か？」という問いに対して，研究者間のコンセンサスが得られないまま，まるでジェンガのように研究がただただ積み重ねられてきた。このまま研究が進み続ければ，いつかそのバランスが崩れ，学術的な基盤を失いかねない。事実，拡張−形成理論では説明しきれないポジティブ感情の機能も明らかになりつつある。

　本稿では，このようなポジティブ感情という概念の曖昧さという問題に対して，ポジティブ感情研究の最前線を走っている Shiota, Sauter, Desmet が提案したポジティブ感情の概念区分を紹介する。彼女らは具体的には，ポジティブ感情を，ポジティブ・アフェクト（positive affect），接近動機づけ（approach motivation），ポジティブ情動（positive emotions）という 3 つに区分するという方針を示している。このようにポジティブ感情を概念的に区分することの意義については後ほど触れる。

　Shiota らの論文は，基礎研究と臨床実践のどちらかと言えば，基礎研究の整理と発展に寄与するものである。しかし，エビデンスに基づいた実践を心がける者であれば，ポジティブ感情の機能差やそのメカニズムを理解し，それを臨床実践につなげることができるだろう（たとえば，感情についての心理教育や機能分析，嗜癖行動のアセスメ

ントに活かすことができるだろう）。

ポジティブ感情は，主観的な快の感情体験を伴うために，ポジティブ感情を感じること自体が"良い"と評価されることがよくある。しかし，ネガティブ感情に不適応的な側面と適応的な側面があるのと同じように，ポジティブ感情も適応的な側面ばかりではない。近年では不適応的な側面に着目した「ポジティブ感情のダークサイド」と呼ばれる研究トピックも注目を浴びている。生物学的な観点から精神疾患を症状レベルで研究しようとする研究領域基準（Research Domain Criteria）においても，ポジティブ価システムが研究領域として導入されるなど，以前と比べると臨床心理学領域でもポジティブ感情への関心は高まりつつある。

本稿は，感情心理学研究の基盤となる論考を，臨床実践につなげて考える橋渡しを目的としている。Shiota らの論文をそのまま紹介するとわかりにくい部分があるために，適宜，先行研究を紹介したり，具体例を示したりして補っていく。

Ⅱ　ポジティブ感情を 3 つの概念に区分する

まず，Shiota らが提案したポジティブ感情の 3 つの概念区分を説明する。

1　ポジティブ・アフェクト

ポジティブ・アフェクトは，快（pleasant）の主観的感情体験と定義される。ポジティブ・アフェクトは，快−不快，覚醒−鎮静の 2 次元で感情状態を表現するコア・アフェクト理論（core affect theory ; Russell, 2003）に基づいている。コア・アフェクト理論では，喜びは「快で覚醒した感情」，

悲しみは「不快で鎮静した感情」とみなされる。

ポジティブ・アフェクトは，そのときの情報処理の仕方や身体の状態などが好ましいというシグナルとして機能し，ヒューリスティックな情報処理が促進される（ネガティブ・アフェクトは，その状況を変えなくてはいけないというシグナルとなり，システマティックな処理が促進される）。たとえば，実験的にポジティブ・アフェクトを生じさせると，ネガティブ・アフェクトが生じた者よりも，その後に提示される暗算課題の難易度を低く見積もり，暗算課題中の血圧の上昇も抑えられることが報告されている（Gendolla & Krüsken, 2002）。

2　接近動機づけ

接近動機づけは，快の主観的感情体験よりも，動機づけと行動的側面に重きを置いている。接近動機づけに関する理論は，「接近」対「回避」，「報酬」対「罰（抑制）」といった生物の行動を説明する神経科学的エビデンスに基づいている。

接近動機づけが高い者は，罰よりも報酬の獲得に対して反応し，回避よりも接近行動（対象に近づいたり，手に入れようとしたりすること）が出現しやすい。また，罰や損失の有無に関心がある予防焦点（prevention focus）よりも，理想や目標を実現しようとする促進焦点（promotion focus）が優勢である。状況や環境要因よりも，気質あるいは特性レベルで行動の予測に関わるのが接近動機づけである。

ここでポジティブ・アフェクトと接近動機づけの違いを説明する研究を紹介する。Fredrickson & Branigan（2005）は，実験的にポジティブ感情を生じさせた場合は，ネガティブ感情を生じさせた者よりも注意の範囲（scope attention）が広がることを報告した。それに対して，Gable & Harmon-Jones（2008）は，高い動機づけを伴ったポジティブ感情を生じさせると（甘くておいしそうなデザートの写真を見る），統制条件（無機質な岩の写真を見る）と比べて，注意の範囲が狭

注) positive affect, positive emotions, pleasant feeling は日本語論文においてはいずれも「ポジティブ感情」と訳されることが多い。そのため，本稿では快の感情体験を表す最も広範な概念を「ポジティブ感情」と呼ぶ。コア・アフェクト理論との整合性を考え positive affect は「ポジティブ・アフェクト」と訳した。「ポジティブ感情」および「ポジティブ・アフェクト」と区別するために positive emotions は「ポジティブ情動」と訳した。

まることを複数の実験によって明らかにした。すなわち，どのようなポジティブ感情であっても注意の範囲を広げるわけではなく，高い動機づけを伴う場合には注意が狭まるという真逆の機能が見られることがある。

3　ポジティブ情動

ポジティブ情動は，適応を促すような出来事（たとえば，社会的な地位が高くなる）や資源（たとえば，栄養のあるおいしい食べ物）に対する複雑な生得的反応と定義される。

ポジティブ情動が，ポジティブ・アフェクトと接近動機づけと異なる点は，基本感情（basic emotion）や個別感情（discrete emotion）を想定していることと，快と不快が入り混じった状態を仮定できることである。

個別感情とは，「喜び」や「愛情」といった言語でラベルできる1つひとつの感情を指している（複数の感情が存在するという前提に立つためにpositive emotion "s" と複数形になる）。コア・アフェクト理論では，快と不快が両極にあるため混合した状態を表現できないが，ポジティブ情動の研究では，壮大な絶景や尊敬する人に対する憧れや恐れという「畏敬の念（awe）」や，他者の苦しみを感じ取りながらも思いやり気持ちを向ける「慈悲（compassion）」という入り混じった感情を扱うことができる。

前述したようにポジティブ・アフェクトが生じるとヒューリスティックな情報処理が行われやすくなるが，畏敬の念や，赤ちゃんを見てかわいいと思うような養育愛情（nurturant love）が生じると，システマティックな情報処理が促進される（Griskevicius et al., 2010）。

III　ポジティブ感情における「ポジティブさ」とは？

ポジティブ・アフェクトは主観的な快感情，接近動機づけは報酬や目標への接近可能性，ポジティブ情動はその人の要求と環境との適合によっ

て「ポジティブさ（positivity）」が評価される。どれかが優れているというわけでもなく，すべてを満たすことがポジティブ感情の絶対条件でもない。満足（contentment）といった主観的には心地よいが達成動機づけが低い感情も，ポジティブ感情である。

IV　本論文の結論と提言

それぞれの研究の背景理論や実験的に操作している感情を正確に理解しようとすることが大切である。たとえば，双極症患者においては，主観的な快感情の感じやすさよりも，高い接近動機づけが躁症状を予測することがわかっている（Gruber & Johnson, 2009）。

曖昧なものをただ曖昧なままにしておくと，不利益や不適応を生じさせることがある。パイを切り分ける（slicing the pie）ように精緻に概念を捉えようという試みが，理論の発展や介入の効果を高めることにつながるだろう。

V　紹介者からのコメント

正直なところ，Shiotaらの論文をこの「最新研究レポート」で紹介することは何度も悩み，手が止まった。アフェクトや感情や情動など，一読しただけでは用語の違いがわかりにくくなってしまっているのも理解している。それでも，本論文を紹介しながら伝えたいことがあった。

本論文で述べられているように，単にポジティブ感情を抱くことが適応につながるわけではなく，時に精神疾患の症状を悪化させたり，危険因子にもなりうる。ポジティブ感情をウェルビーイングの向上に役立てるためには，そのポジティブ感情が生じた背景を理解し，その状態が機能的かどうかを精査することが必要である。

ポジティブ・アフェクトによって，ヒューリスティックな情報処理が促進されるということは，リスク認知が低下することの裏返しでもある。健康問題や経済問題が将来的に起こりうるとしても，嗜癖行動を止められないのは少なからずポジ

ティブ・アフェクトが影響しているためであると考えられる。高い接近動機づけを伴ったポジティブ感情が生じると視野が狭まるが，それは，しっかりと目標を見定め，努力を継続することに寄与する。養育愛情を感じると，自分の子どもを外敵から守るためにシステマティックな情報処理が促進される。しかし，種を生存させようとするあまり，過剰に情報を収集しようとしたり，リスクを高く判断してしまうことがある。たとえば，子どもが新型コロナウイルスに感染するリスクを高く見積もったり，子どもが学校でいじめられたりしていないか不安が高まったり，確認が増えたりすることもポジティブ感情が影響している。

一方，セラピーの治療効果やウェルビーイングの向上のために，ポジティブ感情を記録用紙などでモニタリングし，その状態が機能的であるかを判断し，目的に応じて感情を調整することが有効に働くケースもあるだろう。

Shiota らの論文で述べられている，3つの「ポジティブさ」という観点は非常に興味深く，臨床的に応用することもできるだろう。たとえば，アンヘドニアやアレキシサイミヤのように，そもそも主観的な快感情を抱きにくいクライエントに対して，ポジティブ感情を抱かせようと介入するよりも，何か目標を設定して行動することや，クライエントのニーズに合わせて環境を調整するほうが，ウェルビーイングを高めるかもしれない。

本稿の目的は，ポジティブ感情の基礎研究を臨床実践に応用する橋渡しの役割を果たすことであった。だが筆者自身も達成できていないのは，臨床実践におけるポジティブ感情を研究の俎上に載せることである。クライエントがセラピストに寄せる期待や憧れ，面接室が生む安心感，セラピー

が上達することの喜びや思い上がり（hubristic pride），クライエントに抱く尊敬など，見逃されがちなポジティブ感情を研究すると，セラピーを奏功させる新しい鍵が見つかるかもしれない。

最後になるが，本邦ではウェルビーイングやウェルネスという言葉が独り歩きしてしまっている。Shiota らの提言を踏まえれば，そのように基礎研究を踏まえず，曖昧なままに物事を始めると，結局のところウェルビーイングを高めることにはつながらず，すべてが徒労に終わってしまうだろう。そう，今こそ「ウェル（＝良さ）とは何か」を真剣に問う時期に来ている。

▶ 文献

Gable PA & Harmon-Jones E（2008）Approach-motivated positive affect reduces breadth of attention. Psychological Science 19；476-482.

Gendolla GH & Krüsken J（2002）Mood state, task demand, and effort-related cardiovascular response. Cognition and Emotion 16；577-603.

Griskevicius V, Shiota MN & Neufeld SL（2010）Influence of different positive emotions on persuasion processing：A functional evolutionary approach. Emotion 10；190-206.

Gruber J & Johnson SL（2009）Positive emotional traits and ambitious goals among people at risk for mania：The need for specificity. International Journal of Cognitive Therapy 2；176-187.

Fredrickson BL（2001）The role of positive emotions in positive psychology. The broaden-and-build theory of positive emotions. The American Psychologist 56；218-226.

Fredrickson BL & Branigan C（2005）Positive emotions broaden the scope of attention and thought-action repertoires. Cognition and Emotion 19；313-332.

Russell JA（2003）Core affect and the psychological construction of emotion. Psychological Review 110；145-172.

♬ 主題と変奏──臨床便り

第 **63** 回

神話的思考

荻本 快

［相模女子大学］

1　集団を精神分析すること

　「神話的思考」の観点から，北山修は日本人（なかでも大和民族）の反復を検討してきた（北山・荻本，2021）。社会は，そこで共有された神話や物語の影響を受けて，ひとつのまとまりとしてふるまい，あるテーマを反復的に繰り返す。Freudは，エディプス神話のような文化に共有された悲劇が個人の悲劇にバリエーションとして現れると考えた。もし社会と個人に悲劇の反復が続いているなら，その台本を読み取って改訂した方がよい。そこで北山は，敗戦前に正史として教えられていた『古事記』のイザナギ・イザナミ神話や「鶴女房」といった物語に着目し，「見るなの禁止」というテーマを分析してきた。

2　イザナギ・イザナミ神話

　日本の国造りをしたのはイザナギという父神とイザナミという母神である。火の神を生んだ大火傷がもとで母神は死ぬが，生き返らせるために父神は死の国に行き，還ってきてくれと母神に懇願する。母神は「御殿の中にいらっしゃる死の国の神と相談しますから待っていてください。ただし御殿の中を決して見ないでくださいね」と告げ，「見るなの禁止」を父神に課し，御殿の中に入っていく。しかし父神は禁を破って御殿の中を見てしまう。そこで母神は腐乱死体となっていた。父神は恐怖を感じて逃げ出す。母神は「私を辱めましたね」と怒って追いかけるが，父神は中つ国に逃げ戻る。父神は穢れを落とすために，川に入って水に流す禊をおこない，そこからは一人で多くの神を生み出していく。

　父神のように禁を破って御殿の中を覗き，母神を辱めた罪を，日本人は原罪としてもつ（北山・橋本，2009）。母神を生き返らせることができると信じる父神の自己愛的で万能的な思考は，御殿の中に腐っていく母神を見たときに突如として崩れ，無力化する。一方，母神もまた，愛する父神が自分を見て恐れ慄くのに気づく。急激に自分の死が認識され，生の国に連れて帰ってくれるだろうという万能感が崩壊する。その現実認識のプレッシャーと万能感の崩壊は，「私を辱めた」と言いながら，その思いが相手へと投げつけられるのだ。さらに自分の身体を洗う父神に，罪悪感の否認と儀式的行為による〈打ち消し〉の機制をみることができよう。「汚れ」として水に流せば流すほど，罪悪感の元は深層に落ちていってしまい，自己嫌悪は深まっていく。それは反復強迫を準備することになる。

3　集団を分析することへの批判

　Freud が『トーテムとタブー』を発表したときから，個人の精神分析的臨床で培われた理論にもとづいて集団や社会を扱うことができるのか，という批判がある。しかしながら，もし「私」たちが大きな物語が終わったことを主張し，「個人差」だけに着目するなら，国際的には，集団や組織が抱える暴力的傾向や過去の罪を無視していると見られるのではないだろうか（荻本，2022）。私たちはこれからも，日本における神話的思考を分析していく必要があるように思う。

▶ 文献

北山修，橋本雅之（2009）日本人の原罪．講談社［講談社現代新書］．

北山修，荻本快（2021）コロナと日本人─神話的思考をこえて．精神療法 47-2；14-19．

荻本快（2022）哀しむことができない─社会と深層のダイナミクス．木立の文庫．

📘 書評 BOOK REVIEW

宮坂道夫 [著]

弱さの倫理学
—— 不完全な存在である私たちについて

医学書院・A5判並製
2023年2月刊行
2,420円（税込）

評者＝**久保田美法**（淑徳大学）

　本書は「弱さ」という，臨床心理学にとっては常にあるとも言える大切なテーマについて，人文科学から自然科学までを横断して論じている学際的な分厚い本である。

　著者は，人間の弱さは生きている存在であるゆえの代償であり，脆さは高機能であることの，有限性は統合性の，心の弱さは主体性の代償であると述べ，私たちは弱さを必然的にもっている存在であることを冒頭で語っている。

　本書はそのような「不完全な存在である私たち」が，弱い存在を前にした時，どのように振る舞うかを考えることを「倫理」とし，これまでバラバラに考えられてきた医療の倫理，科学技術の倫理，他の生物や地球環境の倫理を同じテーブルの上で論じようとしている。

　本書で特筆すべき点は，臓器移植や体外受精の現場，あるいは原子力開発の現場等に関する克明な事例の記述があることだろう。著者は「倫理についての考え方を抽象化する方向で考えていくと，実際に起こった事例のリアリティを見失いそうになる」として，患者を前にした医師にどのような躊躇いや感情の揺らめきがあるか，不安や戸惑い，怒りをおぼえながら，患者の利益に貢献したいという思いを抱いていたか，あるいは専門家としての達成感や使命感からくるヒロイックな感情の高揚を感じていたかといったことを，緊迫した事例から示し，そうした「ざらついた感情が倫理というものの肌触りなのかもしれない」と述べている。

　本書の多くは，人間がさまざまな技術を生み出し，弱さに「対抗」してきた苦闘の歴史の記述に割かれている。そして終盤では，そのようにして技術という「強者の服を纏」うようになった者には，そうした服を纏っていない者に対する「責任」があるとして，「対話のテーブルに招かれそうにもない，特に弱い存在である人たちや，他の生物たち」を「どこか遠くにある問題として，ぼんやりと考え」るのではなく，そうした存在への「配慮」を考え，さまざまな技術を「弱い存在の利益となるように運用していくことが，人類全体の倫理的課題」であるとしている。

　最後の章のタイトルは「弱さを抱きしめて」とされ，従来の「弱さの克服」だけではない在り方について述べられている。ただ「克服」とは確かに異なるが，「抱きしめて」という表現も，筆者には少々勇壮に感じられた。弱さは「抱きしめる」というよりも，自分の意志ではどうすることもできず，ただ「噛みしめる」ほかないということもあるのではないか。しかしそのどうしようもなさを味わうことから生まれてくる，小さな希望やつながりというものもあるように思う。

　私たちは「弱くもあり強くもある」存在である。が，強さと弱さはしばしば分断され，弱さの他者性とでもいうものが，私たちの意識には根強く横たわっているのかもしれない。その中で，臨床心理学は，そして私自身は，元から備わっている弱さに，何を感じ，受けとりながら生きていくのか，あらためて考えさせられた。

メイヴィス・サイほか [著]　杉若弘子ほか [訳]

機能分析心理療法：
臨床家のためのガイドブック

金剛出版・A5判並製
2023年4月刊行
3,300円（税込）

評者=**瀬口篤史**（西知多こころのクリニック）

　心理療法の効果に影響をもたらす要因のひとつに，「クライエントとセラピストの協同関係（alliance）」が挙げられている。協同関係の影響の大きさは，技法や流派の違いを超えることが示されている（Wampold & Imel, 2015）。セラピストの中には，クライエントとの協同関係を通して非常に優れた臨床成果を生む者もいる。しかし，そのような「達人級」のセラピストの振る舞いを真似したとしても，必ずしも同等の成果を生み出せるわけではない。一方，機能分析心理療法（Functional Analysis Psychotherapy : FAP）では，このような治療関係は，優れたセラピストの「魔法」ではなく，誰もが学習することのできる行動であり，治療関係における行動の文脈から生み出されるものであると考えている。

　本書『機能分析心理療法：臨床家のためのガイドブック』は，簡潔にまとめられた30の章で構成されており，セラピーに役立つ親密な治療関係を構築し，その関係を活用するためのセラピストの視点や技術が，行動分析学に基づいた理論的な特徴とともにわかりやすく解説されている。

　FAPでは，クライエントの日常生活における問題は，治療関係の文脈においても生じることを前提としており，治療関係の文脈に般化した行動は「臨床関連行動（Clinically Relevant Behaviors : CRB）」と呼ばれる。FAPでは，このCRBに対する「気づき」を広げることが，親密な治療関係を構築するための重要な要素のひとつであるとされている。本書では，セラピストの「気づき」の拡大を促進する視点や具体例が豊富に記述されている。その一部を挙げると，CRBを特定するツールである「機能的個別アセスメント様式」をもとに，「要求の主張」「双方向のコミュニケーション」「葛藤」「開示と対人的な親密性」「感情的な経験と表現」という5つの機能クラスに分類されたCRBの具体例が多く挙げられている。セラピストがクライエントのCRBに対して機能的な視点から敏感になることは，クライエントが抱える日常の重要な問題の文脈をクライエントとセラピストがともに理解し，両者がセラピーにおいて同じ方向に目を向けるきっかけを生み出すだろう。

　またFAPでは，治療関係の文脈におけるクライエントの望ましい行動を，自然なやりとりを通して強化しようとする。その際，セラピストはクライエントの改善を解釈に基づいて評価するのではなく，実際に当該の行動の頻度が治療場面において増えているかどうかについて確認し，改善を日常生活へと般化させることが，FAPの「治療ルール」に含まれている。このようなクライエントの実際の生活に目を向けた，堅実かつ誠実なセラピストの態度は，クライエントとの親密な治療関係を構築し，セラピーがクライエントに役立つものとなるための力強い礎となるだろう。

▶ 文献

Wampold BE & Imel ZE (2015) The Great Psychotherapy Debate : The Evidence for What Makes Psychotherapy Work. 2nd Ed. Routledge.

岩壁 茂・遠藤利彦・黒木俊秀・中嶋義文
中村知靖・橋本和明・増沢 高・村瀬嘉代子 [編]

臨床心理学スタンダードテキスト

金剛出版・B5判上製
2023年2月刊行
16,500円（税込）

評者＝**丹野義彦**（東京大学名誉教授）

集合知の結晶——特筆すべき執筆者

　本書は，「公認心理師の職責」から「関係行政論」まで23本の部立てとなっており，これは公認心理師の大学でのカリキュラムや，国家試験の出題基準（ブループリント）の構成にもとづいている。このように公認心理師の教科書であるが，それだけでなく，公認心理師の業務のハンドブックともなっているので，公認心理師をめざす大学生・大学院生だけでなく，すでに公認心理師として勤務する方まで，持っていて間違いない1冊といえる。

　特筆すべきは執筆者である。105名に及ぶ執筆者は第一線の研究者・臨床家である。公認心理師の時代になって，わが国にも新しい世代の研究者・臨床家があらわれ，第一線で活躍されていることに頼もしさを感じた。本書の謳い文句である「臨床領域・学問領域ごとに第一人者が展開する集合知の結晶」という表現は，本書を最もよくあらわしている。

　内容についても，執筆者が全力をあげて，最新の世界的な情報をまとめ，新しい公認心理師の心理学と実践活動のスタンダードを作っていこうとする意欲にあふれている。新しい世代がここまで力をつけてきたのを見るのは感慨深いものがあり，このことだけでも国家資格になった意味があったと感じた。こうした最先端の知識を勉強できる若い人たちは幸いである。

科学者－実践家モデル

　公認心理師制度が本格化して5年がたつが，まだ多くの課題がある。こうした課題を解決するために，本書から多くのヒントが得られる。例えば，大学における養成において，基礎的な心理学の教育が不十分であるという声がある。本書は，基礎心理学の章がしっかり書いてあり，科学者－実践家モデルを築こうとしている点が特筆される。編者のひとり村瀬嘉代子氏は，序文で，学生時代に『ヒルガードの心理学』を読んで，

「基礎系と応用系は関連し合ったつながりがある」という感覚がクリアになったと述べている。昔から基礎心理学は臨床実践の土台となっていたのである。

公認心理師制度の課題

　公認心理師法における公認心理師の4つの業務のうち，「心の健康教育」については本書で扱われていないが，これは本書の欠点というわけではなく，そもそも公認心理師のカリキュラムや出題基準において心の健康教育が反映されていない矛盾から生じたものである。現在の制度は2016年度の公認心理師カリキュラム等検討会で作られた暫定的なものであり，当時は公認心理師はひとりもいなかったのである。また，実践面では，国家試験合格後にどのような研修制度を設けるかという課題がある。村瀬氏が理事長を務められていた日本心理研修センターでも実務基礎研修が始まる。本書で知識のスタンダードを身につけた後で，研修を受けることが望ましいだろう。

　なお，本書は紙媒体だけでなく電子書籍でも販売されている。かなり厚い本で，簡単に外に持ち出して読めないので，kindleで読めるのはありがたい。

岩壁 茂・遠藤利彦・黒木俊秀・中嶋義文
中村知靖・橋本和明・増沢 高・村瀬嘉代子 [編]

臨床心理学スタンダードテキスト

金剛出版・B5判上製
2023年2月刊行
16,500円（税込）

評者＝**野島一彦**（九州大学名誉教授）

　わが国の国家資格である公認心理師制度は2017年より施行されている。養成プログラム（公認心理師カリキュラム等検討会の報告書：2017年）では，大学（学部）で25科目，大学院で10科目を履修することになっている。本書は，大学（学部）の2つの〈実習演習科目〉（「心理演習」「心理実習」）を除く23科目について，臨床領域，学問領域の第一人者（105名）による全23部・104項目の集合知を収録している。ちなみに23の科目ごとのテキストはこれまでいくつも出版されているが，23の科目の内容を1冊にまとめたものは本書が初めてであり大きな特色である。

　〈心理学基礎科目〉は，第1部：公認心理師の職責，第2部：心理学概論，第3部：臨床心理学概論，第4部：心理学研究法，第5部：心理学統計法，第6部：心理学実験で扱われている。〈心理学発展科目（基礎心理学）〉は，第7部：知覚・認知心理学，第8部：学習・言語心理学，第9部：感情・人格心理学，第10部：神経・生理心理学，第11部：社会・集団・家族心理学，第12部：発達心理学，第13部：障害児・障害者心理学，第14部：心理的アセスメント，第15部：心理支援で扱われている。〈心理学発展科目（実践心理学）〉は，第16部：健康・医療心理学，第17部：福祉心理学，第18部：教育・学校心理学，第19部：司法・犯罪心理学，第20部：産業・組織心理学で扱われている。〈心理学発展科目（心理学関連科目）〉は，第21部：人体の構造・機能及び疾病，第22部：精神疾患とその治療，第23部：関係行政論で扱われている。

　本書では，読者の理解を助けるための工夫（キーポイント，ケーススタディ，図，表，スポットライト，コラム，クロストーク，写真等を随所に導入。また適宜カラーを導入）がなされており，読みやすくなっているのはありがたい。

　大学，大学院における養成は2018年度より始まっている。それから約5年後に出版された本書は，この5年間の臨床と学問の発展を踏まえて，公認心理師に必要な最先端の知を提供しており，公認心理師をめざして勉強を始めた人に役立つであろう。また，公認心理師試験の受験者にも，既に公認心理師の資格を取得した人にとっても，あらためて公認心理師の基礎となる知を学ぶのに活用できるであろう。さらに，公認心理師と連携をする職種の方にも公認心理師を理解するのに参考になるであろう。

新刊案内

Ψ金剛出版　〒112-0005　東京都文京区水道1-5-16　Tel. 03-3815-6661　Fax. 03-3818-6848
e-mail eigyo@kongoshuppan.co.jp　　URL https://www.kongoshuppan.co.jp/

中井久夫 拾遺

[編] 高 宜良

目鼻のつかない病気などあるものか！　きらびやかな感性と卓越した観察眼を高度の平凡性にかえて「義」を貫いた精神科医の生涯とその治療観をたどる。単行本未収録のインタビューや対談，手に入りにくくなっている論文を中心に，エッセイ，あとがき，アンケート，マニュアルなどを再構成。刊行にあたり，ゆかりある同業者たち（市橋秀夫，清水將之，山中康裕，胡桃澤伸，星野 弘）に知られざるエピソードを寄せてもらった。

定価3,960円

神経性やせ症治療マニュアル 第2版
家族をベースとする治療

[著] ジェームズ・ロック　ダニエル・グランジ
[監訳] 永田利彦

本書は青年期の神経性やせ症の治療者向けマニュアルである。マニュアル化された精神療法，エビデンス重視は，個人的な経験だけに基づく「怪しげな治療」を排除する利点があった。操作的診断とマニュアル化された精神療法は最も基本的な到達点であり，初学者にとっては，それに達していないと次はない。本書ではマニュアルに凝り固まらず各段階における治療アプローチの詳細と合わせて，その都度の過程における家族の関わり方を詳述しており，必読の書となっている。

定価4,620円

〈効果的な〉精神科面接
力動的に診るということ

[著] 平島奈津子

日々の臨床実践を重ねた精神科医が，精神療法に関心をもっている，あるいは，その研修を始めたばかりの心理学部学生や大学院生，臨床研修医，精神科専門医を目指すひとたちへ向けて，〈効果的な〉精神科面接のための力動精神医学の視点を論じる。「第Ⅰ部　精神科医の視点」では，医療面接で求められているコミュニケーション技能とそのトレーニング方法を概説する。「第Ⅱ部　精神科臨床と精神分析的精神療法」では，精神分析的精神療法を背景にもつ治療者が短時間の精神科外来診療の中で，どのような心的態度と視座を重視して診療を行っているかについて述べる。

定価3,520円

価格は10％税込です。

1. 投稿論文は，臨床心理学をはじめとする実践に関わる心理学の研究における独創的で未発表のものに限ります。基礎研究であっても臨床実践に関するものであれば投稿可能です。投稿に資格は問いません。他誌に掲載されたもの，投稿中のもの，あるいはホームページなどに収載および収載予定のものはご遠慮ください。

2. 論文は「原著論文」「理論・研究法論文」「系統的事例研究論文」「展望・レビュー論文」「資料論文」の各欄に掲載されます。「原著論文」「理論・研究法論文」「系統的事例研究論文」「展望・レビュー論文」は，原則として400字詰原稿用紙で40枚以内。「資料論文」は，20枚以内でお書きください。

3. 「原著論文」「系統的事例研究論文」「資料論文」の元となった研究は，投稿者の所属機関において倫理的承認を受け，それに基づいて研究が実施されたことを示すことが条件となります。本文においてお示しください。倫理審査に関わる委員会が所属機関にない場合，インフォームド・コンセントをはじめ，倫理的配慮について具体的に本文でお示しください。

★ 原著論文：新奇性，独創性があり，系統的な方法に基づいて実施された研究論文。問題と目的，方法，結果，考察，結論で構成される。質的研究，量的研究を問わない。

★ 理論・研究法論文：新たな臨床概念や介入法，訓練法，研究方法，論争となるトピックやテーマに関する論文。臨床事例や研究事例を提示する場合，例解が目的となり，事例の全容を示すことは必要とされない。見出しや構成や各論文によって異なるが，臨床的インプリケーションおよび研究への示唆の両方を含み，研究と実践を橋渡しするもので，着想の可能性およびその限界・課題点についても示す。

★ 系統的事例研究論文：著者の自験例の報告にとどまらず，方法の系統性と客観性，および事例の文脈について明確に示し，エビデンスとしての側面に着目した事例研究。以下の点について着目し，方法的工夫が求められる。
　①事例を選択した根拠が明確に示されている。
　②介入や支援の効果とプロセスに関して尺度を用いるなど，可能な限り客観的な指標を示す。
　③臨床家の記憶だけでなく，録音録画媒体などのより客観的な記録をもとに面接内容の検討を行っている，また複数のデータ源（録音，尺度，インタビュー，描画，など）を用いる，複数の研究者がデータ分析に取り組む，などのトライアンギュレーションを用いる。
　④データの分析において質的研究の手法などを取り入れ，その系統性を確保している。
　⑤介入の方針と目的，アプローチ，ケースフォーミュレーション，治療関係の持ち方など，介入とその文脈について具体的に示されている。
　⑥検討される理論・臨床概念が明確であり，先行研究のレビューがある。
　⑦事例から得られた知見の転用可能性を示すため，事例の文脈を具体的に示す。

★ 展望・レビュー論文：テーマとする事柄に関して，幅広く系統的な先行研究のレビューに基づいて論を展開し，重要な研究領域や臨床的問題を具体的に示す。

★ 資料論文：新しい知見や提案，貴重な実践の報告などを含む。

4. 「原著論文」「理論または研究方法論に関する論文」「系統的事例研究論文」「展望・レビュー論文」には，日本語（400字以内）の論文要約を入れてください。また，英語の専門家の校閲を受けた英語の論文要約（180語以内）も必要です。「資料」に論文要約は必要ありません。

5. 原則として，ワードプロセッサーを使用し，原稿の冒頭に400字詰原稿用紙に換算した枚数を明記し，必ず頁番号をつけてください。

6. 著者は5人までとし，それ以上の場合，脚注のみの表記になります。

7. 論文の第1枚目に，論文の種類，表題，著者名，所属，キーワード（5個以内），英文表題，英文著者名，英文所属，英文キーワード，および連絡先を記載してください。

8. 新かなづかい，常用漢字を用いてください。数字は算用数字を使い，年号は西暦を用いること。

9. 外国の人名，地名などの固有名詞は，原則として原語を用いてください。

10. 本文中に文献を引用した場合は，「…（Bion, 1948）…」「…（河合，1998）…」のように記述してください。1) 2) のような引用番号は付さないこと。
　2名の著者による文献の場合は，引用するごとに両著者の姓を記述してください。その際，日本語文献では「・」，欧文文献では '&' で結ぶこと。
　3名以上の著者による文献の場合は，初出時に全著者の姓を記述してください。以降は筆頭著者の姓のみを書き，他の著者は，日本語文献では「他」，欧文文献では 'et al.' とすること。

11. 文献は規定枚数に含まれます。アルファベット順に表記してください。誌名は略称を用いず表記すること。文献の記載例については当社ホームページ（https://www.kongoshuppan.co.jp/）をご覧ください。

12. 図表は，1枚ごとに作成して，挿入箇所を本文に指定してください。図表類はその大きさを本文に換算して字数に算入してください。

13. 原稿の採否は，『臨床心理学』査読委員会が決定します。また受理後，編集方針により，加筆，削除を求めることがあります。

14. 図表，写真などでカラー印刷が必要な場合は，著者負担となります。

15. 印刷組み上がり頁数が10頁を超えるものは，印刷実費を著者に負担していただきます。

16. 日本語以外で書かれた論文は受け付けません。図表も日本語で作成してください。

17. 実践的研究を実施する際に，倫理事項を遵守されるよう希望します（詳細は当社ホームページ（http://www.kongoshuppan.co.jp/）をご覧ください）。

18. 掲載後，論文のPDFファイルをお送りします。紙媒体の別刷が必要な場合は有料とします。

19. 掲載論文を電子媒体等に転載する際の二次使用権については当社が保留させていただきます。

20. 論文は，金剛出版「臨床心理学」編集部宛に電子メールにて送付してください（rinshin@kongoshuppan.co.jp）。ご不明な点は編集部までお問い合わせください。

(2017 年 3 月 10 日改訂)

編集後記 Editor's Postscript

　暮らしの中で養育者が子どもたちと，普通に体験していることであるにもかかわらず，人の発達は奥深く，謎めいている。だからこそこれだけ多くの理論が生まれるのだ。そして，発達を測る検査類は次々と開発され，もはや正確なフォローは困難である。これは発達障害に対する理解の深まりと療育へのアプローチの多様な広がり，そして脳神経科学の圧倒的進展からの知見が背景にあろう。『発達のプリズム』という特集タイトルは，本誌ベテラン編集者藤井裕二さんにいただいたものである。今や藤井さんは臨床心理学のフロンティアを開発する仕掛け人的存在だ。今回も多くの示唆をいただき，感謝の言葉も思い当たらない。発達のプリズムを携えて，日々の臨床に出ていこう。光の当て方で，相手から見えてくるものが違ってくるかもしれない。対象が立ち上がる手前の経験を感受し，支援に活かす。その支えになれば幸いである。幼稚園，小学校での地道な関与観察を続けてきた森岡理恵子は，現場サイドから本特集の構成やテーマについて，アイデアを提供してくれた。ここに感謝の言葉を添えておきたい。
　　　　　　　　　　　　　　　　　　　　　　　　　　　　　　　　　　　　（森岡正芳）

臨床心理学 第23巻第5号（通巻137号）

発行＝2023年9月10日
定価1,760円（10％税込）／年間購読料13,200円（10％税込／含増刊号／送料不要）

発行所＝(株) 金剛出版／発行人＝立石正信／編集人＝藤井裕二
〒112-0005　東京都文京区水道1-5-16
Tel. 03-3815-6661／Fax. 03-3818-6848／振替口座00120-6-34848
e-mail rinshin@kongoshuppan.co.jp (編集) eigyo@kongoshuppan.co.jp (営業)
URL https://www.kongoshuppan.co.jp/

装幀＝岩瀬 聡／印刷・製本＝音羽印刷

世界一隅々まで書いた
認知行動療法・問題解決法の本
（洗足ストレスコーピング・サポートオフィス）伊藤絵美著
本書は，問題解決法についての1日ワークショップをもとに書籍化したもので，ちゃんと学べる楽しく学べるをモットーにまとめた1冊。今日から使えるワークシートつき。2,860円，A5並

ポリヴェーガル理論で実践する子ども支援
今日から保護者・教師・養護教諭・SCがとりくめること
（いとう発達・心理相談室）伊藤二三郎著
ブックレット：子どもの心と学校臨床（6）
ポリヴェーガル理論で家庭や学校で健やかにすごそう！ 教室やスクールカウンセリングで，ノウハウ満載の役立つ1冊です。1,980円，A5並

親と子のはじまりを支える
妊娠期からの切れ目のない支援と心のケア
（名古屋大学教授）永田雅子編著
産科から子育て支援の現場までを幅広くカバー。本書は，周産期への心理支援を行う6名の心理職らによる周産期のこころのケアの実際と理論を多くの事例を通してまとめたもの。2,420円，四六並

図解 ケースで学ぶ家族療法
システムとナラティヴの見立てと介入
（徳島大学准教授）横谷謙次著
カップルや家族の間で展開されている人間関係や悪循環を図にし，どう働きかけたらよいかがわかる実践入門書。家族療法を取り入れたい，取り組みたいセラピストにも最適。2,970円，四六並

子どもと親のための
フレンドシップ・プログラム
人間関係が苦手な子の友だちづくりのヒント30
フレッド・フランクル著／辻井正次監訳
子どもの友だち関係のよくある悩みごとをステップバイステップで解決！ 親子のための科学的な根拠のある友だちのつくり方実践ガイド。3,080円，A5並

N：ナラティヴとケア
ナラティヴがキーワードの臨床・支援者向け雑誌。第14号：ナラティヴ・セラピーがもたらすものとその眼差し（坂本真佐哉編）年1刊行，1,980円

よくわかる 学校で役立つ子どもの認知行動療法
理論と実践をむすぶ
（スクールカウンセラー）松丸未来著
ブックレット：子どもの心と学校臨床（7）
子どもの認知行動療法を動機づけ，ケース・フォーミュレーション，心理教育，介入方法などに分け，実践的にわかりやすく伝えます。1,870円，A5並

中学生・高校生向け
アンガーマネジメント・レッスン
怒りの感情を自分の力に変えよう
S・G・フィッチェル著／佐藤・竹田・古村訳
米国で広く使われるアンガーマネジメント・プログラム。自身の人生や感情をコントロールする力があることを学べる。教師・SCにお勧め。2,200円，四六並

外国にルーツをもつ子どもたちの
学校生活とウェルビーイング
児童生徒・教職員・家族を支える心理学
松本真理子・野村あすか編著
ブックレット：子どもの心と学校臨床（8）
日本に暮らす外国にルーツを持つ子どもたちへの支援を考える。幸福な未来のための1冊。2,200円，A5並

喪失のこころと支援
悲嘆のナラティヴとレジリエンス
（日本福祉大学教授）山口智子編
「喪失と回復」の単線的な物語からこぼれ落ちる，喪失の様相に，母子，貧困，犯罪被害者，HIVなど多様なケースを通し迫った1冊。喪失について丁寧に考え抜くために。2,860円，A5並

乳幼児虐待予防のための多機関連携のプロセス研究――産科医療機関における「気になる親子」への気づきから
（山口県立大学）唐田順子著
【質的研究法 M-GTA 叢書2】看護職者の気づきをいかに多機関連携につなげるかをM-GTA（修正版グランデッドセオリーアプローチ）で読み解く。2,420円，A5並

職業リハビリテーションにおける
認知行動療法の実践
精神障害・発達障害のある人の就労を支える
池田浩之・谷口敏淳 編著
障害のある方の「働きたい思い」の実現のため，就労支援に認知行動療法を導入しよう。福祉・産業・医療各領域の第一人者による試み。2,860円，A5並

学校が求めるスクールカウンセラー 改訂版
アセスメントとコンサルテーションを中心に
村瀬嘉代子監修・東京学校臨床心理研究会編
ベテランたちによって書かれたスクールカウンセリングの実用書を大改訂！「アセスメント」と「コンサルテーション」をキーワードに，"学校が求めるSCの動き"を具体的に示す。3,520円，A5並

学生相談カウンセラーと考える
キャンパスの心理支援
効果的な学内研修のために2
全国学生相談研究会議編（太田裕一ほか）
本書は，学生相談カウンセラーたちが日常の学生生活における学生を取り巻く問題を解説。学内研修に使える14本のプレゼンデータ付き。3,080円，A5並

対人援助職の仕事のルール
医療領域・福祉領域で働く人の1歩め，2歩め
野坂達志著
医療から行政まで幅広い仕事をしてきたソーシャルワーカー＋セラピストの野坂先生による仕事の教科書。お作法から「プロに近づくための応用編」まで，対人援助の基本を総ざらい。2,200円，四六並

思いこみ・勘ちがい・錯誤の心理学
なぜ犠牲者のほうが非難され，完璧な計画ほどうまくいかないのか
（認知心理学者）杉本 崇著
マンガをマクラに，「公正世界信念」「後知恵バイアス」「賭博者の錯誤」「反実思考」「計画の錯誤」といった誤謬の心理学が学べる入門書。1,980円，四六並

「かかわり」の心理臨床
催眠臨床・家族療法・ブリーフセラピーにおける関係性
（駒沢大）八巻 秀著
アドラー心理学，家族療法，ブリーフセラピー，催眠療法を軸に臨床活動を続ける著者による論文集。関係性や対話的な「かかわり」をキーワードに理論と実践を解説。3,080円，A5並

みんなの精神分析
その基礎理論と実践の方法を語る
（精神分析家）山﨑 篤著
19世紀の終わりに現れ，既存の人間観を大きく変えた精神分析はロックな存在。日本で一番ロックな精神分析的精神療法家が，精神分析のエッセンスを語った本が生まれました。2,060円，四六並

北大路書房

〒603-8303　京都市北区紫野十二坊町12-8
☎ 075-431-0361　FAX 075-431-9393
https://www.kitaohji.com（価格税込）

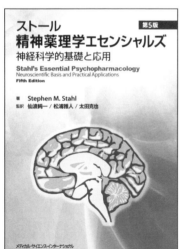

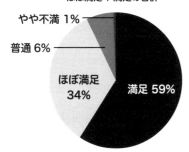

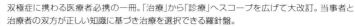

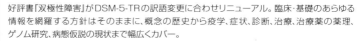

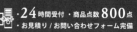

新刊案内

Ψ金剛出版　〒112-0005　東京都文京区水道1-5-16　Tel. 03-3815-6661　Fax. 03-3818-6848
e-mail eigyo@kongoshuppan.co.jp　URL https://www.kongoshuppan.co.jp/

クライエントの側からみた心理臨床
治療者と患者は，大切な事実をどう分かちあうか
[著] 村瀬嘉代子

村瀬嘉代子の「心理臨床」を理解する上での重要な論稿を収録し，著者が日常臨床を通じて帰納法的に会得した技術や知見を数多く紹介した実践編である。心理療法の理論や技法を生活に繋ぐ意味とは何か。対人援助職の要諦は，クライエントの生活を視野に入れることである。本書収録の1980～90年代の時期の村瀬の臨床論文は，質・量ともに圧倒的なスケールのものとして表されている。それらは，臨床心理学の世界にある者にとっての黄金の羅針盤ともいうべきものであった。本書は，その奇跡の著作群からセレクトされたエッセンスである。　　　　　定価3,960円

統合失調症の個人面接ガイドブック
[著] 池淵恵美

再発につながる行動特性の把握＝生活臨床と症状への対処法の習得＝認知行動療法をベースに，面接室の外で起こっていること，当事者と家族の日々の生活と人間関係について，デイケアスタッフや多職種協働チームも交えて話し合い，当事者の深い傷つきに思いを馳せ，成功を一緒に喜ぶ。統合失調症の治療とリハビリテーションの要，リカバリーを支える池淵流個人面接のすすめ方を，基本形・初診時から詳しく解説。「……実際は生活の破たんから精神障害は始まる。なぜ生活は破たんしたのか，それをどう回復していくことができるのか，どのような生活を目指していくことが本人や家族にとってよいのかを手探りすることが回復の第一歩である」　　　　　定価3,300円

個人心理療法再考
[著] 上田勝久

『精神療法』での連載の単行本化。著者が「個人心理療法」の技能の内実，有効性，価値を問い直す。日々の臨床は思い描くように進むものではない。臨床において，援助者側の豊富な "スキル" をユーザー側のニーズに合致した支援となるよう「クライエント・センタード的な介入姿勢をベースとして，事を力動論的な視点から考えていく」タイプの心理療法を改めて考える。「失敗から学ぶこと」「いま目前にある失敗を修正すること」「ユーザーから学ぶこと」，この3つは著者の臨床家としての姿勢である。読者が蓄えたいままでの経験と合わせて読み進める内に，自然と著者の臨床観に引き込まれ，いくつもの気づきを得ることができるだろう。　　　　　定価2,970円

価格は10%税込です。

新刊案内

Ψ 金剛出版　〒112-0005　東京都文京区水道1-5-16　Tel. 03-3815-6661　Fax. 03-3818-6848
e-mail eigyo@kongoshuppan.co.jp　URL https://www.kongoshuppan.co.jp/

暴力を手放す
児童虐待・性加害・家庭内暴力へのアプローチ
[著] 佐々木大樹

クライエントは欲求や感情を言葉ではなく暴力という対処行動として表出し，そのことに苦しむ場合でも自ら援助を求めることはほとんどない。なぜなら，援助を求めるとは欲求や感情を言葉で表出することそのものだからである。その結果，暴力を振るうクライエントへの支援は困難を極めることになる。本書では，暴力の定義，起源，要因を解説し，医療・司法・福祉各領域におけるDVや児童虐待への支援実践を概観しながら，思春期以降の児童から成人までを対象とした暴力を手放すための四つのフェーズからなる支援モデルとセラピストの適切な「ありよう」を提示する。　　定価3,520円

セラピーにおける トラウマ・センシティブ・ヨーガ
体を治療にもち込む
[著] デイヴィッド・エマーソン　[訳] 小林 茂　佐藤愛子

トラウマ・センシティブ・ヨーガ（TSY）は，ヨーガの「フォーム」に取り組むことで，クライエントが筋肉の動きや呼吸などの「自分の体の感覚」に気づき，そして感じたことを自分で操作できるようにしていくための有効なツールである。臨床場面で活用しやすいよう，TSYの中核となる概念や実施上の要点を押さえつつ，随所にトラウマ・サバイバーへの配慮がちりばめられており，フォームも写真でわかりやすく示されている。　　定価3,080円

トラウマ・リカバリー・グループ
実践のための手引き
[著] ミカエラ・メンデルソン　ジュディス・L・ハーマン　エミリー・シャッザウ　メリッサ・ココ
ディヤ・カリヴァヤリル　ジョスリン・レヴィタン
[訳] 杉山恵理子　小宮浩美

トラウマ・リカバリー・グループ（TRG）は，複雑性PTSD概念の提唱者として知られるジュディス・L・ハーマンが示す治療モデルのなかでも，被害者が対人的つながりを取り戻すための重要な回復過程に位置づけられる目標指向的・相互支援的なグループ療法である。本書は，TRGを導くための手引書であり，ハーマンたちの理論と実践の成果も示す，複雑性トラウマ支援のための包括的マニュアルと言える。　　定価3,740円

価格は10%税込です。

新刊案内

Ψ金剛出版　〒112-0005　東京都文京区水道1-5-16　Tel. 03-3815-6661　Fax. 03-3818-6848
e-mail eigyo@kongoshuppan.co.jp　URL https://www.kongoshuppan.co.jp/

こころの支援と社会モデル
トラウマインフォームドケア・組織変革・共同創造

[責任編集] 笠井清登　[編著] 熊谷晋一郎　宮本有紀　東畑開人　熊倉陽介

日々揺れ動く社会構造との絶えざる折衝のなかで，支援者と被支援者の関係，支援の現場は今，どうなっているのか？——東京大学発「職域・地域架橋型：価値に基づく支援者育成」プログラム（TICPOC）開幕に始まるこの問いに，多彩な講師陣によるカッティングエッジな講義録＋ポリフォニックな対話で応答する思考と熟議のレッスン。こころの支援をめぐるパラダイムが大きく変動する現在，対人支援をどのように考え実践すべきか？　組織変革を構想するマクロの視点と，臨床場面で工夫を重ねるミクロの視点から，日々変わりゆく状況に応答する。　定価4,180円

認知行動療法と治療関係
臨床家のためのガイドブック

[著] ニコラウス・カザンツィス　フランク・M・ダッティリオ　キース・S・ギブソン
[監訳] 坂野雄二　青木俊太郎

認知行動療法（CBT）には，今でも，技法と介入に焦点を当て「考え方をポジティブに変える療法」「特定の技法をマニュアル通りに実施しなければならない」といった誤解がある。治療においては，そういった技法の習得よりもまず，クライエントとの間に問題（あるいは症状）と生活改善に向けての共通目標を掲げ，協働作業を行っていく枠組みを構築する必要がある。また，本書では，巷に溢れるCBTへの誤解を解き，クライエントとの関係構築のスキルを具体的に解説していく。　定価4,620円

トム・アンデルセン　会話哲学の軌跡
リフレクティング・チームからリフレクティング・プロセスへ

[著・訳] 矢原隆行　[著] トム・アンデルセン

1985年3月のある晩，ノルウェーの都市トロムソで，精神科医トム・アンデルセンがセラピーの場の〈居心地の悪さ〉に導かれ実行に移したある転換。当初「リフレクティング・チーム」と呼ばれたそれは，「二つ以上のコミュニケーション・システムの相互観察」を面接に実装する会話形式として話題となる。自らの実践を「平和活動」と称し，フィンランドの精神医療保健システム「オープン・ダイアローグ」やスウェーデンの刑務所実践「トライアローグ」をはじめ，世界中の会話実践を友として支えるなかで彫琢された会話哲学に，代表的な論文二編と精緻な解説を通して接近する。　定価3,080円

価格は10%税込です。

好評既刊

Ψ金剛出版

〒112-0005 東京都文京区水道1-5-16　Tel. 03-3815-6661　Fax. 03-3818-6848
e-mail eigyo@kongoshuppan.co.jp　URL https://www.kongoshuppan.co.jp/

事例でわかる
思春期・おとなの自閉スペクトラム症
当事者・家族の自己理解ガイド

[編著] 大島郁葉　[著] 大島郁葉　鈴木香苗

おとなになるまで診断もアセスメントもされなかった自閉スペクトラム症の人たちは，何を知る必要があるのか？　自閉スペクトラム症のアセスメントや診断プロセスのわかりやすい解説，コミュニケーションや感覚に関する自閉特性との上手な付き合い方，自閉スペクトラム症をもつ人たちの年齢別ケースレポート，そして当事者の声を通じて，当事者と家族の知りたい気持ちにしっかり応えていく。どのように自分と家族の「自閉スペクトラム症」を理解していけばよいのかを伝える自己理解ガイド。　　　　定価3,080円

ASDに気づいてケアするCBT
ACAT実践ガイド

[著] 大島郁葉　桑原斉

「ASD（自閉スペクトラム症）をもつクライエントへのセラピーをどう進めたらいい？」「親子面接を上手に進めるには？」「ASDをもつクライエントにCBT（認知行動療法）はどこまで有効？」──よくある疑問と誤解に終止符を！　ACAT（ASDに気づいてケアするプログラム）は，ASDのケアに特化したCBT実践プログラムとして研究・開発されたプログラム。ASDと診断された子どもと保護者がプログラムに参加して，セラピストのガイドで「自分が変わる」パートと「環境を変える」パートを整理しながら，正しい理解とそれを実現するための方法を探る。　　　　定価3,080円

機能分析心理療法：
臨床家のためのガイドブック

[著] メイヴィス・ツァイ　ロバート・J・コーレンバーグ　ジョナサン・W・カンター
ガレス・I・ホルマン　メアリー・プラマー・ラウドン
[訳] 杉若弘子　大河内浩人　河越隼人　木下奈緒子

機能分析心理療法（FAP）のエッセンスをまとめたガイドブック。FAPは「治療関係」に焦点をあてた第三世代の行動療法である。本書は，FAPのアプローチの中核となる原則，方法，ビジョンを30の短い章で紹介し，技法の習得だけでなく，それらの技法をいつ，どのように使えばいいのかといったガイドも得ることができる。治療関係に関心のあるすべての読者に向けて理解しやすくまとめられた一冊。　　　　定価3,300円

価格は10%税込です。

好評既刊

Ψ金剛出版　〒112-0005　東京都文京区水道1-5-16　Tel. 03-3815-6661　Fax. 03-3818-6848
e-mail eigyo@kongoshuppan.co.jp　URL https://www.kongoshuppan.co.jp/

友だち作りの科学
社会性に課題のある思春期・青年期のためのSSTガイドブック

[著] エリザベス・A・ローガソン
[監訳] 辻井正次　山田智子

自閉スペクトラム症（ASD）や注意欠陥多動性障害（ADHD）などソーシャルスキルに課題を抱えている子どもや，診断は受けていないけれど友だち関係に困っている子どもが，友だちと上手につきあっていくためのプログラム「PEERS（Program for the Education and Enrichment of Relational Skills）」。アメリカUCLAの研究機関で開発されたPEERSを使って，親子で協力しながら友だち作りを実践するためのセルフヘルプ・ガイド。

定価3,080円

友だち作りのSST
自閉スペクトラム症と社会性に課題のある思春期のための
PEERSトレーナーマニュアル

[著] エリザベス・A・ローガソン　フレッド・フランクル
[監訳] 山田智子　大井学　三浦優生

友だちはほしいけれど不安やこだわりで前に進めなくなってしまう，思春期の複雑な対人関係を前に立ちすくんでしまう……発達障害の特性のなかでも人との関係に課題を抱えている子どもたちに，友だち作りのソーシャルスキルを提供するPEERS。ひとつひとつ課題をクリアするように設計された全14セッションをトレーナーといっしょにこなしていけば，学んだことを学校でもすぐに応用できるトレーナーマニュアル！

定価4,180円

PEERS 友だち作りのSST 学校版
指導者マニュアル

[著] エリザベス・A・ローガソン
[訳] 山田智子

自閉スペクトラム特性のなかでも人との関係に課題を抱える思春期の子どもたちに，友だちと上手に付き合うためのスキルを提供する，アメリカUCLA発のプログラムPEERS。子どもと保護者で共に取り組む全16セッションで，楽しく会話する方法，会話に入る／抜ける方法，電話・ネット・SNSの使い方，自分に合った友達の見つけ方，ユーモアの適切な使い方，友だちと一緒に楽しく遊ぶ方法，思いのすれ違いへの対応方法を学んでいく。学校現場に特化した，友だち作りが身につく実践マニュアル。　定価4,620円

価格は10%税込です。

好評既刊

Ψ 金剛出版

〒112-0005 東京都文京区水道1-5-16　Tel. 03-3815-6661　Fax. 03-3818-6848
e-mail eigyo@kongoshuppan.co.jp　URL https://www.kongoshuppan.co.jp/

子どもが楽しく元気になるための
ADHD支援ガイドブック
親と教師が知っておきたい9つのヒント

[著] デシリー・シルヴァ　ミシェル・トーナー
[監訳] 辻井正次　鈴木勝昭

注意欠如・多動症（ADHD）は世界中で最も一般的な子どもの発達障害とされる。本書は親や教師向けのQ＆Aを中心に，シンプルでわかりやすく，周りの大人がADHDのある子どもとどう向き合えばよいのかを知ることができるガイドブック。発達小児科医とADHDコーチによって書かれた最新の科学的知見，そして実践的なアドバイスは，医療従事者や子どもと関わる支援の専門家にとっても役立つヒントにあふれている。　　　定価2,420円

大人のADHDのための
マインドフルネス
注意力を強化し，感情を調整して，
目標を達成するための8つのステッププログラム

[著] リディア・ジラウスカ　　[監訳] 大野 裕　中野有美

マインドフルネスを実践した人の脳を対象とした研究から，感情のコントロール，柔軟な対応，洞察力，共感力，賢さなどを司る脳の実行回路が活性化し，強化されることが一般的にわかっています。運動が筋肉を鍛えるように，本書のエクササイズで心の筋肉を鍛えましょう。マインドフルネスの主要な実践方法を解説したオーディオCD付！　　　定価3,520円

ADHDの若者のための
マインドフルネスワークブック
あなたを"今ここ"につなぎとめるために

[著] メリッサ・スプリングステッド・カーヒル
[監訳] 中野有美　[訳] 勝野飛鳥

本書は，ADHDをもつ若者たちが，より健康で幸せな生活を送るために著者カーヒルにより「ANCHORED（アンカード）法」と名付けられた，マインドフルネスの学習・実践の一連の流れが学べるワークブックです。8つの異なるステップから構成され，構造化された項目から成り立つエクササイズを，順を追って行うことにより，ADHDに関連する困難に対処するスキルを学ぶことができます。　　　定価2,970円

価格は10%税込です。

精神療法

増刊第10号 Japanese Journal of Psychotherapy 2023

北西憲二＋西村馨＋「精神療法」編集部（編）　B5判 280頁 定価3,080円

グループで日常臨床を変える

さまざまな場面での活用術

はじめに：北西憲二

Ⅰ 入門編

個人・家族・集団という視点から：北西憲二／グループは役に立つのか：鈴木純一／グループの始め方，進め方：西村馨・岡島美朗・鎌田明日香・関百合

Ⅱ グループの理論と技法

グループ・アナリシス：パラダイム・チェンジの技法：関百合／対象関係論：手塚千惠子／精神分析的集団精神療法の理論と技法：能幸夫／サイコドラマの理論と技法：高橋美紀

Ⅲ グループと精神療法（心理療法など）の組み合わせ

グループとしてのSSTへ：佐藤幸江／グループと認知行動療法：松永美希／ MBTの手法を取り入れたグループを病棟で始めること：森一也・串田未央・西村馨／マインドフルネス認知療法：佐渡充洋／集団の中で活きる森田療法：山田秀世・高澤祐介・尾形茜

Ⅳ 領域別

臨床グループと病棟・病院という大グループ：相田信男／集団精神療法を日常臨床で活かす：髙林健示／集団精神療法としてのデイケア：川合裕子／うつ病リワークにおける集団精神療法：荒木章太郎／「治療共同体」と精神医療，そして地域：堀川公平／オンライングループ：大橋良枝・梶本浩史／学校の中のグループ活動：菊地寿奈美

Ⅴ 疾患別

児童・思春期の集団精神療法：吉沢伸一・木村能成／神経発達症児を支援するグループ：渡部京太／成人発達障害への集団精神療法：横井英樹／ひきこもりの集団精神療法：加藤隆弘／神経症の集団精神療法：能幸夫／境界性パーソナリティ障害に対する集団精神療法：寺島瞳・藤里紘子・大久保智紗・山田圭介／孤立していく病，摂食障害の集団精神療法：永田利彦／うつ病の集団精神療法と企業対応までの応用：徳永雄一郎・松下満彦／慢性統合失調症者を主対象としたフリー・グループの実践：塚瀬将之／依存症・嗜癖の集団精神療法のすすめ方：田辺等／重度認知症デイケアにおける集団精神療法：勢島奏子／被害者支援と加害者アプローチ：信田さよ子／刑務所での治療共同体：毛利真弓／組織コンサルテーションとグループ：武井麻子

Ⅵ 座談会

北西憲二・西村馨・鈴木純一・中里容子

Ψ金剛出版

東京都文京区水道1-5-16　電話 03-3815-6661　FAX 03-3818-6848
https://www.kongoshuppan.co.jp/

価格は10％税込です。